Elisabeth Ebenberger

SPRACHE

DER

SEELE

Glaube - Wirklichkeit

ALLES IST

Sprache der Seele

Warum ich dieses Buch schreibe?

Durch Eingebungen und Intuitionen ist es mir möglich, jetzt nach einer Reihe von meinen Büchern, die ich schon geschrieben habe, Informationen einfach so niederzuschreiben, wie ich sie aus meinem Inneren erfahren darf, und wie es mir „durchgesagt" wird. Um visuell damit besser umgehen zu können, gibt es für mich meinen kosmischen Begleiter, den ich fragen darf, und wo ich dann die Antworten darauf bekomme, und diese sofort auf ein Tonband aufnehme und dann niederschreibe.

Achachiel – mein kosmischer Begleiter, danke für die Informationen und Intuitionen!

ES IST

Der Kristall ist es, der dich hat erreicht

Es ist die Freiheit im Licht und in der Liebe und

damit zu leben merkst du - ist GANZ LEICHT

Der Kristall gibt dir die Klarheit und ist der

Schlüssel für

ALLES LEBEN IM SEIN

Drum sei damit verbunden - und sieh dich mit

ALLEM EIN

Elisa©

SPRACHE der SEELE

Herstellung und Verlag:
BoD – Books on Demond
Norderstedt
ISBN: 9783752625288

Umschlag und Innenbilder: Elisabeth Ebenberger
Gesamtkonzeption: Elisabeth Ebenberger
©Elisa 2020

Sprache der Seele

Der Buchtitel Sprache der Seele ist für mich das Wissen,
dass jedes Lebewesen hier auf der Erde eine Seele hat, die
Information, nach jener ein Mensch im Leben agieren soll.
Das innere Wissen meiner Worte, die sich beim Schreiben
auftun, ist für mich die Realität im Sein.

Wie wir alle wissen, ist ALLE INFORMATION in der
„Akasha", oder auch im „kosmischem Geistfeld"
gespeichert, und so schreibe ich diese Zeilen – mit dem
Kosmischen Geistfeld verbunden - wo ich – wir alle –
angeschlossen sind.

Das was ich als Information hereinbekomme, das bringe
ich zu Papier. Dieses Buch entsteht erstmals vollkommen
aus mir heraus, aus meinem Inneren, und ich versuchte so
gut als möglich, den Verstand – sprich das Ego – bei Seite
zu lassen.

Es wurde von mir jeder Abschnitt, so wie ich ihn
aufgenommen und gesprochen habe, mit dem Datum
versetzt, damit du dich ein bisschen nach der Zeit
orientieren kannst. Ich habe mit dem Buch 2019 begonnen
zu schreiben und schließe es mit Oktober 2020 ab. Es sind
sicherlich sehr interessante Absätze für dich dabei.

Ich bin mir sicher „DAS LEBEN IST LEBENSWERT" –
und ich glaube an die Liebe, ich glaube an das Leben und
ich glaube an die Schönheit der ERDE.

Ich weiß auch, dass jeder Tag ein schöner Tag im Leben ist – man darf es nur mit dem richtigen Blick – Winkel betrachten.

Dieses Buch beinhaltet viele interessante Aspekte.

Ist es Wahrheit oder ist es …?

ES IST!

Es ist meine Wahrheit – es kommt aus mir – jeder hat seine eigene Wahrheit.

Informationen sind da, wir brauchen sie nur abzufragen, dann wirst auch du dein Innerstes erfahren.

ICH LIEBE DICH

DANKE

13.3.2019

DIE WAHRHEIT ÜBER UNSER SEIN

Aber was ist Wahrheit? Jeder hat seine eigene Wahrheit, jeder Mensch lebt sein Leben hier auf dieser Erde in einem menschlichen Körper mit seiner eigenen Wahrheit. Es ist nicht wichtig, ob Wahrheit oder nicht Wahrheit – ES IST. Es gibt keine Wahrheit. Es gibt keine NICHT Wahrheit. Alles in diesem Leben hier auf dieser Erde – IST.

Wer sagt das, das es richtig ist, was man jetzt gerade macht, jetzt gerade spricht, oder jetzt gerade denkt. Für jeden Menschen ist es in diesem Moment gerade richtig und somit auch seine Wahrheit. Jedoch für den nächsten Menschen, der einen ganz anderen Blickwinkel hat, und auch ein ganz anderes Verständnis - für den ist das, was deine Wahrheit ist, etwas ganz anderes. Nicht stimmig für ihn oder auch keine Wahrheit, da er ein ganz anderes Aufnahmevermögen dafür hat.

Der Verstand – unser Ego – ist im menschlichen Sein unser stärkster Verbündeter.

Es kann schon sein, dass wir Menschen denken, uns gibt es nur alleine. Jedoch das ist nicht die Wahrheit. Die Wahrheit ist – wir sind nur ein ganz, ganz kleiner Teil von dem ganz, ganz großem Ganzen. Der kleine Teil – hier die Erde – ist so klein, dass er im Makrokosmos verschwindet. Unser wahres Sein spielt sich nicht hier auf der Erde ab, sondern im göttlichen Kreis. Der göttliche Kreis ist die

Magie des Lebens, die Magie der Lehre – der Lehre des Seins. Das Sein ist Wirklichkeit. Das Sein im Hier und Jetzt ist Schaffen im All Ein Sein.

Wir Menschen glauben hier auf dieser Erde im menschlichen Körper, dass dies Alles ist. Das wir Vollkommen sind. Ich sage Euch, dass hier ist die Zwischenstation. Eine Zwischenstation von noch viel Größerem. Hier werden wir gelehrt und eingeführt und vorbereitet auf das, was später kommt. Denn die Wahrheit über unser wahres Sein, über das Menschliche Sein, das Irdische Sein, ist im Großen Kosmos. Der Kosmos ist die All Ein Heit vieler, vieler Universen. Diesem Kosmos steht ein Großes Ganzes vor. Das große Ganze lenkt und spielt mit den verschiedenen Planeten, mit den verschiedenen Sonnen, mit den verschiedenen Universen. Es spielt und sieht, dass es viele, viele verschiedene Lebewesen gibt. Nicht nur menschliche Lebewesen, sondern viele andere Lebewesen auf anderen Planeten. Der Mensch ist ein Teil, ein ganz, ganz kleiner Teil von den universellen Angeboten, die der Kosmos vorbereitet hat.

Wir, der Mensch, hier in dem menschlichen Körper- gehen wieder aus dem Körper hinaus, und gehen in die nächste höhere Stufe. Für uns Menschen bedeutet es ins Jenseits. Jedoch im Jenseits werden wir noch einmal vorbereitet auf das Über – Jenseits. Auf das, was darüber ist.

Wir Menschen kennen es alle – die zweite feinstoffliche Ebene – und die nächste Ebene, und die übernächste Ebene. Wie man es jetzt so mit den menschlichen Worten benennt, es ist nicht wichtig. Es sind die nächst höheren Stufen, die die Seelen, als Seelenwesen weiter gehen. Die Seele hat eine Zwischenstation hier auf der Erde – und das ist der Körper eines Menschen. Und in diesem Körper darf sie noch einmal all das erfahren, was sie schon lange nicht mehr kannte, und welches es auf den nächst höheren Ebenen nicht mehr gibt. Auf den nächsten Ebenen existiert nur mehr die „Licht" Ebene. Das heißt, alle Seelen sind Lichtwesen, Lichtwesen mit verschiedenen Farben, mit verschiedenen Auswirkungen auf alle verschiedenen Universen. Wir sind auch als Lichtwesen ein ganz kleiner Teil vom großen Ganzen.

Du trägst das Wissen, des goldenen Lotus in dir. Deine Liebe für die Erde und für die Menschheit ist in der göttlichen Balance. Du bist aufgerufen, das Leben vieler zu bewegen. Du bist aufgerufen, den Menschen deine Wahrheit zu erklären, zu erzählen. Das Göttliche in dir ist die Leidenschaft, ist die allumfassende Liebe, ist die Liebe zur Göttlichkeit, die Liebe zum goldenen Strom und Fluss aller Leben. Die Liebe ist dein Sein. Du bist hier auf der Erde geboren, um das Licht der Sonne, das Liebeslicht, das Lebenslicht für Glück, für Freude, auch für Barmherzigkeit weiterzutragen.

Die Sonne ist für die Erde das allerwichtigste. Denn ohne diese Sonne, ohne diesem „Schöpfer - Licht", ohne dieser Schöpfungsenergie, ohne diesem Lebenslicht, dass durch die Sonne zu uns kommt, gäbe es kein Leben. Genau dieses Lebenslicht haucht in den Körper ein und erweckt ihn zum Leben. Und auch dieses Lebenslicht haucht den

Körper wieder aus, und lässt ihn von dieser Erde wieder gehen.

Die Sonne ist zuständig für die materielle Ebene hier auf der Erde, für alles Wachstum.

Für das Wachstum der Tiere, der Menschen der Pflanzen, damit mit dem Licht der Sonne das Leben eingehaucht wird. Die Sonne ist auf der materiellen Ebene hier auf der Erde das Wichtigste, das aller – aller – wichtigste Element. Natürliches Sonnenlicht ist Leben für die All – Ein – Heit hier auf dieser Erde.

Je mehr natürliches Sonnenlicht – je mehr Liebe wird sich verbreiten. Je mehr Freude, und je mehr Lebensglück wird in den Körpern der Menschen, in den Körpern der Tiere und in den Pflanzen erwachen.

Je mehr Liebes – Glück, je mehr Lebens – Glück aus diesen Körpern ausstrahlt, egal ob Tier, Mensch oder Pflanze, je mehr wird sich diese Sonnenkraft, diese Liebeskraft - dieses Lebenslicht – für Liebe, für Leidenschaft, für Glückseligkeit auf dem Planeten ausbreiten. Die Sonne ist unser aller wohlwollendes Element, für Körper, für den Geist und für die Seele.

Ich danke dir liebe Sonne und bitte dich heute für unsere Erde, für alle Universen, lass dein Licht erleuchten. Leuchte es über alle Firmamente hinaus, leuchte es durch alle Nebel, durch alle Wolken. Dein Licht soll die Menschen erfüllen mit Liebe, mit Frieden und mit Freude. Das Herz wird sich öffnen – jeder Mensch folgt seinem

Herzens – Weg. Durch dich, liebe Sonne, ich weiß es, wir sind ganz nahe bei dir.

Die Sonne ist die Liebe für alle Menschen, für die Erde und für alle Lebewesen.

Liebe, liebe, liebe Sonne – ich liebe dich. Ich freue mich, ich erlaube mir, dass jetzt zu sagen – ich bin du – und du bist ich. Wir sind eins mit dir, deine Strahlen erwecken uns zum Leben. Und deine Strahlen bringen Liebes - Glück auf die Erde.

Danke dir – ich liebe Dich.

Lieber LeserIn, du weißt ganz genau – das Göttliche – du trägst es in dir. Das Sein, das in dir ist.

Ich sage dir, als die Erde aus dem Nichts entstand, als alle Planeten aus dem Nichts entstanden, da wurden sie zur Materie. Das Göttliche formte sie zur Materie. Die Materie entsteht aus verdichteten Teilchen, und somit konnten in den Universen verschiedene Planeten entstehen. Alle Planeten entstehen aus der gleichen Quantenphysikalischen Ebene. Die quantenphysikalischen Teilchen bestimmen, welche Materie aus den Planeten wird, und welche Materie sich auf den Planeten bewegt. Diese Teilchen aus der Quantenphysik setzen sich so zusammen, dass es für den jeweiligen Planeten richtig ist, dass dort auch Leben entstehen kann und sich dort auf dem Planeten Leben auch aufhalten kann, Leben sich wieder vervielfältigen und Leben auch wieder zergehen kann. Es ist jetzt nicht so einfach zu verstehen, jedoch jeder Planet hat eine eigene Materie um sich herum. Die Materie des Planeten besteht aus verschiedenen Schwingungen der physikalischen, energetischen Teilchen. Die physikalische Zusammensetzung der Teilchen und die Schwingung bestimmen, welche Lebewesen und welches Leben sich auf diesem Planeten sich fortpflanzen kann. Aufgrund so vieler verschiedenen Planeten und so vieler verschiedener physikalischen Zusammensetzungen ist es ein wahres Wunder in den Universen, wieviel Lebewesen dort zugänglich sind, und wieviel Lebewesen sich auch auf den verschiedenen Planeten aufhalten. Der Mensch ist ein ganz, ganz kleiner Teil der vielen, vielen großen Universen und der vielen,

vielen Planeten. Der Mensch und die Erde sind ein Mittelpunkt in diesem Universum, ein Mittelpunkt für viele andere Planeten, da die Erde sehr große Ressourcen an physikalischen Teilchen hat, wo Leben stattfinden kann, wo Mensch als Lebewesen existieren kann, wo auch die Tiere als Lebewesen existieren können, und wo Mensch, Tier, Pflanze mit der Erde, mit dem Universum eine Symbiose bilden. Es ist wichtig, dass der Mensch versteht, dass die Erde NICHT für ihn da ist, sondern er für die Erde da ist. Die Erde ist ein wichtiger, zentraler Mittelpunkt in dem Universum, in dem sich die Erde befindet, und der Mensch ist ein Teil davon. Er hat die Aufgabe, die Erde zu erhalten, die Erde ist für ihn da, um sein Leben auf der Erde zu verwirklichen, um das Leben aller Lebewesen und der Pflanzen hier auf der Erde zu verwirklichen. Der Mensch hat die dringende Aufgabe, die Erde zu versorgen mit Umweltschutz, mit Liebe, mit Freude und danke zu sagen - der Erde. Die Erde ist ein großer Lebensball – ein großes Lebewesen – Die Erde ist die Mutter aller Menschen und die Erde ist das Wichtigste für die Menschheit und alle Individuen, die auf der Erde leben.

WELCHE AUFGABE HAT DER MENSCH AUF DER ERDE UND WARUM GIBT ES DEN MENSCHEN, DIE PFLANZEN UND DIE TIERE ÜBERHAUPT AUF DER ERDE?

Der Mensch hat nicht wirklich eine Aufgabe auf der Erde. Der Mensch glaubt es, eine Aufgabe auf der Erde zu haben. Der Mensch ist wieder inkarniert hier auf diese Erde, um dafür zu sorgen, dass die Erde leben kann. Die Erde lebt erst mit den Menschen, den Pflanzen und den Tieren. Solange der Mensch darauf achtet, dass die Ökologie und der Ausgleich gegeben ist zwischen Tierwelt, Pflanzenwelt und dem Menschen, wird die Erde leben, wird die Erde eine Freude sein und wird die Erde eine Liebe sein. Der ökologische Wert der Erde ist ziemlich zurückgedrängt worden, und ausschlaggebend dafür ist der Mensch. Dem Menschen seine Aufgabe hier auf der Erde ist einzig und allein

NICHT ZU VIEL DENKEN – SONDERN ZU LEBEN.

IN DER LIEBE LEBEN, IN DER FREUDE LEBEN!

Sein Leben in Frieden und Glückseligkeit wahrzunehmen und zu leben. Viele Menschen glauben über die Wahrheit drüber hinweg zu sehen müssen. Und sie tun es auch. Denn das Ego ist viel zu stark geworden. Das Ego – der Verstand – der Gedankenspeicher ist so voll bei sehr vielen Menschen, dass sehr viel und sehr „hochgeladene" Energie von den Menschen ausgeht, und dies ist meistens auch keine gute Energie.

Jeder Mensch hier auf der Erde ist aufgerufen und auch verpflichtet dazu, seine Energie zu drosseln, er ist verpflichtet seine Energie in die Liebe zu bringen, seine Energie sind seine vielen Gedanken, die er ständig jeden Tag denkt und denkt. Mensch du bist aufgerufen, alle Energie bewusst zu bereinigen, bewusst zu clearen, damit das Energiepotential wieder weniger wird. Je mehr und je kompakter auf der materiellen Ebene die Energie stärker wird, umso gefährlicher wird es für die Umwelt, für die Tiere und die Pflanzen und für den Menschen. Die Energie ballt sich immer mehr zusammen, es gibt eine große Ladung hier auf der Erde, sodass sich irgendwann diese geballte Energie entladen wird, und dann hat der Mensch keine Möglichkeit mehr, hier auf der Erde zu überleben. Je mehr Menschen sich bewusst werden, die eigene Energie jeden Tag zu kontrollieren, in der Liebe und im Frieden zu halten, umso mehr wird diese geballte Energie auf der Erde – weniger – und es wird leichter und ausgeglichener.

Nun ist jetzt die große Frage – Kommen die Menschen noch dort hin, es ist schon sehr viel in den letzten Jahrhunderten und Jahrtausenden auf der Erde nicht so gelaufen, wie es hätte sein sollen. Und deshalb ist der Mensch – und so spreche ich jetzt zu dir – es ist die Zeit – jetzt – die mit der Erde, allen Menschen und Lebewesen zu Ende geht.

Alle Menschen – alle denkenden Individuen hier auf der Erde haben es in der Hand – wird die Erde in eine andere Dimension aufsteigen, oder wird die Erde zurückfallen. Zurückfallen heißt, die Erde wird sich selbst zerstören, der Planet wird sich reinigen, die Menschen haben dann keine

Chance zu überleben, da der Reinigungsprozess sehr stark sein wird, und eben mit dieser geballten Energie, die die Erde jetzt schon mitträgt – gereinigt wird. Kein Lebewesen, keine Pflanze, kein Tier – kein Mensch wird überleben, wenn es soweit ist. Der Mensch hat noch eine kleine Möglichkeit und es ist nur mehr eine kurze Distanz dafür, dass jeder einzelne für sich seinen Gedankenspeicher – Ego- bereinigt, und somit in eine ausgeglichene Schwingung kommt.

Das heißt jetzt, Leben aus dem Herzen heraus und nicht Leben aus dem Verstand. Was sagt dein Herz, was sagt deine Intuition?

Wir Menschen sind alle aufgerufen, für mehr Liebe zu sorgen, für mehr Frieden zu sorgen, für mehr Herzensenergie auf der Erde zu sorgen. Je mehr Herzensenergie von den Menschen kommt, je mehr Herzensenergie darf die Erde wieder aufnehmen.

Unsere Erde weint und zerberstet schön langsam, denn man hat sie ausgelaugt. Die Erde ist ein Lebewesen und die Erde ist ein wunderbarer Planet in diesem Universum. Es gibt sehr wenige solche wunderbaren Planeten in den Universen. Andere Planeten haben andere Zusammensetzungen, nicht so wie die Erde, haben auch keine Luft zu atmen auf den Planeten, denn da gibt es andere Lebewesen, die keine Luft zum Atmen benötigen.

Die Erde ist ein Sonnenplanet. Die Sonne bringt der Erde, den Lebewesen, den Pflanzen und den Tieren das Leben.

Über die Sonne bekommen wir alle die höchste göttliche Lebensenergie vom Schöpfer, von unserem Ursprung.

Wenn wir die Sonne nützen, wenn wir die Sonne achten, wenn wir die Sonne ehren hier auf dieser Erde hat der Mensch noch eine Chance, dass sich das Blatt wendet.

Der Mensch darf und soll sich eines bewusst sein und bewusst werden. Er ist der Schöpfer, er ist der Schöpfer mit seinen Gedanken. Das was er denkt, das was er tut – wird in der nachfolgenden Zeit, in den folgenden Jahrhunderten und Jahrtausenden geschehen. Dadurch, dass der Mensch denkt, gehen sehr viele Gedanken in die Atmosphäre und diese Gedanken bleiben da als Energie. Je mehr solche Gedanken zusammenkommen, umso mehr verdichtet sich die Materie, und die Materie wird zur Wahrheit.

Die Wahrheit ist:

Der Mensch ist Schöpfer

Der Mensch ist Heiler

Der Mensch ist Zerstörer

DER MENSCH IST ALLES WAS IST

Wir Menschen haben die Aufgabe, dies hier auf der Erde zu erkennen, da wir als Seelen hier inkarniert sind, haben wir die Möglichkeit bekommen, das wir es jetzt in diesem Leben erkennen, oder auch in den nächsten Leben erkennen – wir dürfen wachsen, wir dürfen uns geistig weiterentwickeln.

Haben dann die Menschen es wirklich verstanden, dass jeder einzelne Mensch der Schöpfer von allem was ist – IST – dann wird sich das Blatt wenden.

Die Pflanzen haben hier die Aufgabe, die Erde saftig und im grünen Saft zu halten, sie geben der Erde den Sauerstoff und alles was die Materie für das Leben benötigt. Die Pflanzen enthalten alle Nährstoffe, die der Mensch für sein da sein hier auf der Erde benötigt, und gerade deshalb sollte der Mensch mit den Pflanzen eine Einheit werden. Jede essbare Pflanze, die der Mensch kennt, ist für ihn und seinen Körper wichtig, da es eine Symbiose für die menschliche körperliche Zusammensetzung bildet. Die Pflanzen haben die allerwichtigste Aufgabe, die Atmosphäre immer wieder zu reinigen, um ihr immer wieder frische Luft und Energie zu geben. Ohne den Pflanzen wäre auch kein Leben auf der Erde möglich.

Die Tiere und die Menschen sind Lebewesen, die die Pflanzen zum Überleben brauchen. Die Pflanzen ernähren sich aus der Sonne, die Menschen ernähren sich aus der Sonne, die Tiere ernähren sich auch aus der Sonne und die Tiere und die Menschen ernähren sich von Pflanzen. Alles was sich an Nährstoffen in den Pflanzen entwickelt und hervorgeht, kommt durch die Sonneneinstrahlung. Deshalb ist die Sonne das wichtigste Element für unseren lebenden Planeten. Die Sonne ist das allerwichtigste für

Wachstum, für Leben und für die Lebensfreude – für die wahre Freiheit.

Die Pflanzen haben eine lebenswichtige Aufgabe hier auf dieser Erde. Der Schöpfer wusste, warum er die Pflanze den Menschen zur Seite stellte, und der Schöpfer wusste auch, dass der Mensch es nicht so weit kommen lässt, dass die Erde sich selbst zerstört. Denn der Mensch wird sich wandeln, der Mensch selbst wird sich ändern.

Die Menschen werden bewusster, wir kommen in eine neue Zeit, es gibt schon sehr viele bewusstere Menschen und auch die Tiere werden sanftmütiger. Die Zeit wird so sein, dass der Mensch sich mit den Tieren geistig in Frieden vereint, sodass der Mensch sich geistig mit den Tieren in Harmonie bringt, sodass es keinen Raubbau mehr mit Tieren gibt. Tiere werden nicht mehr geschlachtet, sondern Tiere werden für die Symbiose für Mensch, Tier und Pflanzen auf der Erde ein wichtiges Spektrum sein.

Der wichtigste Faktor ist, dass alle Lebewesen im Einklang mit der Natur leben, und das so wieder nach dem Schrei des Herzens der Erde, nach dem Schrei der Herzen der Menschen und nach dem Schrei der Herzen der Tiere und der Pflanzen Frieden einkehrt, Liebe wächst und wirklich der „Himmel auf Erden" entsteht. Diese Zeit wird bald da sein, es wird nicht mehr so lange dauern, wir alle sind in einem massiven Umkehrprozess. Mächtige – die diese Erde ausgebeutet haben, werden fallen, die Strukturen werden fallen, die Menschen werden mehr miteinander leben und mehr miteinander sein. Die Menschen werden sich zusammentun.

Tiere, Menschen und Pflanzen haben so wieder eine Chance hier auf der Erde weiter zu leben. Ausgerottete Pflanzen und Tiere, die heute nicht mehr existent sind, werden wiederkommen. Es gibt immer irgendwo ein Samenkorn, auch von den Tieren, dass sich wieder der Grundstein entwickelt; und wieder wachsen darf.

Es gibt nichts, was es nicht gibt, die Erde wird wieder vollkommen neu werden, und Menschen, Tiere und Pflanzen werden in einer Symbiose – in einer Einheit – die Erde bewohnen.

Wir sind schon sehr nahe dran, der Wandel ist schon vollzogen und hat schon angefangen, denn unsere Kinder, unsere Enkel sind die nächsten Generationen, die diesen Wandel noch mehr vorantreiben werden. Die Menschen werden sich gegenseitig helfen, sie werden sich gegenseitig zur Seite stehen, es gibt keinen Neid mehr, da alles vorhanden ist. Es gibt keinen Hunger mehr auf der Erde, kein Sterben – kein einziges Kind muss mehr an Hunger sterben, denn alle Menschen werden genug zu essen haben, da die Nährstoffe aus der Luft, aus den Pflanzen und aus der Erde genommen werden, und so werden die Menschen in der Zukunft in der Fülle leben.

Der Mensch ist ein bewusstes Individuum, er wird immer bewusster und es wird dem Menschen immer klarer, dass er alleine „der Schöpfer" ist.

Der Mensch ist „Schöpfer" für alles was ist.

14.3.2019

Meine liebe Seele, schon seit längerer Zeit ist es so, dass viele, viele Menschen immer mehr erwachen.

Die Erde ist eine Blume, die Erde ist eine Göttlichkeit – sie ist eine Göttin. Ihr alle seid auf der Erde willkommen, denn die Erde liebt euch. Sie möchte, dass ihr bei ihr bleibt. Liebe Seelen hier auf dieser Erde, liebe Menschenseelen, die Erde ist die Weiblichkeit im Sein. Ihr braucht sie für euer Leben. Ich braucht sie, um zu überleben. Die Erde bittet euch, mit ihr sanftmütig umzugehen. Sie zu hegen und zu pflegen, auf die Wälder zu achten, auf die Pflanzen und die Tiere, sodass das ökologische Gleichgewicht wiederhergestellt wird. Das ökologische Gleichgewicht in diesem fortgeschrittenen Zeitalter, hat sich sehr schnell auf eine Seite bewegt. Der Ausgleich ist nicht mehr vorhanden, die Waage ist nicht mehr da.

Liebe Menschen kehrt zurück zu eurem ursprünglichen Sein. Euer ursprüngliches Sein ist es, ein Menschenwesen zu leben hier auf dieser Erde, mit allen Höhen und Tiefen, mit allen Fehlern und Ganzheiten, mit allem Mächtigen und Starkem, was in euch Menschenseelen steckt. Lebt in der Liebe und lebt aus eurem Herzen heraus. Lebt in der Freude und schenkt dies der Erde und den Lebewesen weiter. So wie ihr die Liebe und die Freude in euch spürt, so spürt es die All – Ein – Heit in sich. Die All – Ein – Heit bedeutet, dass ALLES – alle Universen, alle Planeten, alle Lebewesen – im Außen – Im Großen – im noch Größerem – im Kleinen – im Kleineren und im - am Kleinsten – diese Schwingung und Bewegung spüren.

Je mehr Menschenseelen hier auf der Erde die Liebe und die Freude, die Glückseligkeit und die Herzensfreude – ausstrahlen – weil es Ihre Wahrheit ist – umso größer wird die Liebe und die Herzensfreude auf allen Ebenen.

Die Menschen, die Tiere, die Erde, die Pflanzen – Ihr seid alle nicht allein. Es gibt so viele Bewegungen im Universum und in allen Universen. Es gibt so viele verschiedene Lebewesen, und so viele verschiedene menschliche Lebewesen, die aber alle eine andere Aufgabe haben und auf anderen Planeten wohnhaft sind.

Der Planet Erde ist für euch Menschen zugedacht, und ihr Menschen dürft hier leben, und ihr Menschen dürft hier sterben. Es ist euer Platz, es ist euer Sein – es ist euer Schloss, es ist das Königreich jedes Einzelnen.

Die Erde ist für euch da. Die Erde hat sich zur Verfügung gestellt, damit ihr Menschen hier leben könnt. Die Erde ist ein weibliches Lebewesen, mit allen Emotionen, die auch der Mensch hat. Die Erde bittet dich, lieber Mensch, achte und ehre sie, segne sie jeden Tag und danke ihr. Je mehr Achtung, je mehr Ehre, je mehr Segen und je mehr Dankbarkeit von den Menschenseelen und den Lebewesen der Erde zukommt, umso stärker wird sie wieder werden.

Im Moment ist die Erde sehr explosiv durch die vielen Energien, die sich in der Erde aufgestaut haben, und sie bittet die Wesenheit Mensch – die Energien zu drosseln.

Jeder Einzelne, seine Eigenenergie zu drosseln, in die Ruhe gehen und in den Frieden gehen. Je weniger Streitereien, je weniger Lärm, umso mehr kann sich die Erde entladen.

Die Erde braucht Ruhe, die Erde braucht den Frieden und die Erde braucht wieder die Vollkommenheit. Gebt der Erde ihre Schätze zurück, beutet die Erde nicht mehr aus, Liebt die Erde und achtet und ehrt sie. Die Schätze von der Erde sind nicht für die Menschen, denn sie sind für die All – Um – Fassend Heit.

Alles was der Mensch der Erde gestohlen hat, darf er ihr zurückgeben. Es kommt der Tag, wo die Schätze der Erde, wieder in die Erde einfließen werden.

Die Erde ist eine Königin und ein weibliches Wesen. Eine Königin bekommt alles zurück, was zu ihr gehört. Die Erde bedankt sich bei euch Menschen, dass sie für euch da sein darf, sie achtet und ehrt euch und bittet euch, auch Sie – die Königin aller weiblichen Wesen – zu achten und zu ehren.

Legt alle Ernte in den Schoß der Mutter Erde, denn sie ist für den Frieden, für die Liebe und die Glückseligkeit zuständig. Mensch achte deine Mutter Erde, denn die Erde ist Vollkommenheit.

Die Erde ist Göttlich, alles hier auf der Erde ist von Gottes Hand. Alles ist aus der Schöpfung erschaffen worden, danket dem Meister, der diese Schöpfung vollbracht hat.

Schöpfung – heißt: das Erschaffen des ganz kleinen Planeten Erde im riesengroßen Universum, und auch das erschaffen aller vielen Planeten in den vielen Universen. Die Einheit aller Lebewesen und die Einzigartigkeit der Energie, welche durch alle Welten fließt.

Alle Welten sind eine Einheit, jedoch ist jede Welt und jeder Planet wieder eine eigene Einheit. Im Kleinen wie im Großen.

Wir sind ALLE mit ALLEM EINS, und EINS ist ALLES mit ALLEM. Im KLEINEN wie im Großen.

Liebe Wesenheit Mensch, wenn du das verstehst, dann weißt du, dass es nichts gibt, was es nicht gibt. Es ist ALLES und ALLES IST. Es gibt NICHTS was nicht von Bedeutung ist.

Auch NICHTS ist nicht NICHTS, sondern NICHTS ist NICHTS!

14.6.2019

Ich bin heute gekommen, um dir zu sagen, es ist alles gut. Mach dir keine Sorgen, das Leben geht weiter. Du bist eine Seele, die hier auf die Erde gekommen ist. Deine Seele ist hier in diesem Körper inkarniert, damit du deine Aufgabe hier erfüllen kannst. Es ist alles richtig, so wie es ist, und dein Leben ist beständig. Du führst deine Aufgabe aus, die du dir hier auf Erden vorgenommen hast.

Die Erde braucht jetzt hohe Schwingungen, denn es ist an der Zeit, die Seelen vorzubereiten. Vorzubereiten auf die kommenden Jahre, vorzubereiten auf die Veränderung. Es wird eine große Veränderung hier auf der Erde geben, und diese Veränderung spürt ihr alle schon Jahre, schon Jahrzehnte. Jedoch diese Veränderung wird noch viel intensiver, denn ihr wächst in diese Veränderung hinein. Wir lassen es nicht zu, dass die Erde sich mit einem Ruck verändert, und ihr Seelen dabei nicht mehr mitkommt. Ihr Seelen sollt alle vorbereitet sein – vorbereitet auf eine lichtvolle Zeit, auf eine liebevolle Zeit – auf eine Zeit der höchsten Glückseligkeit.

Die Menschen werden erwachen, die Menschen werden Liebe aussenden, die Menschen werden der Erde die Liebe zurückgeben – die sie uns seit Jahrtausenden schenkt. Und so wird bald auf der Erde wieder eine Einheit sein.

Die Tiere mit den Menschen, die Erde mit den Pflanzen, die Pflanzen mit den Tieren, die Pflanzen mit der Erde, den Tieren und den Menschen.

Es ist ein wundervoller Planet – eure Erde – und dieser Planet wird weiter bestehen. Viele Menschen werden einkehren – einkehren zu sich selbst.

Auch viele Menschen werden die Erde verlassen, das ist der Plan. Das ist IHR Seelenplan. Es ist alles gerichtet. Jeder, der bleibt, ist da hier auf der Erde, um SEINE Aufgabe zu erfüllen.

Es ist wichtig – auch jeder der von dieser Erde geht – denn dieser hat seine Aufgabe hier erfüllt. Und wenn er von der Erde weggeht, hat er noch eine größere Aufgabe zu erfüllen – auf der anderen Ebene.

Also, es ist alles gut, so wie es ist. Wenn die Menschen auf die andere Ebene gehen, dann ist es gut so wie es ist, denn ihre Zeit hier auf der Erde ist abgelaufen.

ICH LIEBE DICH

15.12.2019

Der Frieden ist auf die Erde gekommen.

Der ganze Welt – Komplex und der ganze Universen – Komplex ist viel größer, als wir uns das alle vorstellen können. Es gibt viele Wächter rund um die vielen Universen, sehr, sehr viele. Das sind dann diese Wesenheiten, die schon sehr lange vor euch auf der Erde waren, und welche die Hierarchie auf der göttlichen Ebene schon auf der 4. Und 5. Stufe erklommen haben, und die als Wächter dann eingeordnet werden im Universum.

„Wir haben unseren Part hier auf der Erde, inkarniert als Mensch, schon lange, lange abgearbeitet. Wir wissen dies und wir alle sind sehr stolz darauf, dass wir jetzt als Wächter wirken können, und dass wir jetzt viel tun können".

Ja, wir freuen uns, dich jetzt in die Materie einzuführen, weil es nur wenige Menschen gibt, die uns verstehen würden.

Ich weiß du bist besorgt um deinen Vater. Schon eine Zeit lang, dies ist auch der Grund, warum du krank geworden bist. Er hat eine sehr schwere Krankheit, und du leidest schon 45 Jahre an einer ähnlichen Krankheit. Und das macht dir Sorgen. Du hast ein gewisses Alter erreicht, und du sorgst dich, dass du die nächsten Jahre, die du noch hier auf der Erde bist, keine Lebensqualität mehr hast.

Aber dazu möchte ich Achachiel dir sagen: Du brauchst dich nicht zu sorgen, wir schicken dir immer im richtigen Moment das Richtige. Du weißt, du bist krank und du hast heute sehr viel für dich getan. Und mache es weiter so. Und eines Tages wird Asthma kein Thema mehr sein für dich. Übergewicht – kein Thema mehr sein, weil du alles erledigt hast. Es ist dies nicht dein Lebenspart, dies ist ein Lebenspart von einer anderen Seele, den du übernommen hast für sie.

Du warst frei, wie du hier herunter auf die Erde gekommen bist. Du hattest in deinen Vorleben schon alles gelebt. Denn du warst schon in der 2. feinstofflichen Ebene, du hättest hier auf der Erde nichts mehr zu tun gehabt. Aber du wolltest wieder hier her, und so hast du dir einige Leben von anderen Seelen zusammengesucht, und das ist jetzt dein Part gewesen. Aber dieser Part ist jetzt zu Ende.

Glaube mir, und du hast dir für die nächsten Jahre einen viel schöneren Part ausgesucht. Wieder von einer anderen Seele. Aber du hast dir das schon bewusst gewählt, damit du hier als Mensch – im menschlichen Körper dies nochmal miterleben kannst. Denn du hast eine All – Um – Fassende Aufgabe hier zu erledigen, und du hast schon vor 30 Jahren damit begonnen. Du hast dir diese Krankheit selbst ausgesucht, damit du überhaupt auf diese Ebene, wo du jetzt bist – kommen konntest.

Du hast auch einen sehr starren Kopf und hast dich in eine Familie hineininkarniert, wo es nicht einfach ist. Deshalb musste die schwere Krankheit her, damit du irgendwann in deinem jetzigen Leben anfängst umzudenken. Es waren bei dir damals deine beiden kleinen Kinder, wo es dann bei dir im Kopf – Klick – gemacht hat. Aber glaube mir, ich war bei dir, ich habe dir geholfen, dass du umdenkst.

Ich bin so stolz auf dich – du hast so viel geschaffen. Und du hast es bravourös geschaffen. Und du hast die Zeit des All Ein Sein in den letzten Jahren für dich bewusst gewählt, alles, was du getan hast, gemacht hast – es war richtig. Ich habe dich dorthin geführt. Wir waren immer in deiner Nähe, wir haben dir immer gezeigt, was zu tun ist.

Manches Mal machst du auch Sachen, die nicht so ideal sind, wo du mit dem Kopf durch die Wand gehst. Wo du nicht auf dein Herz hörst und spürst. Aber es ist normal, du bist ein Mensch, was willst du, wir kennen das, wir waren auch einmal auf dieser Erde. Wir sind keine Gurus oder sonst irgendwelche Gestalten, nein, wir sind ganz normale Wesenheiten – ehemals als inkarnierter Mensch hier auf der Erde.

Nur jetzt ist die Aufgabe von uns eine ganz andere. Wir dürfen jetzt eine universelle Aufgabe ausführen, weil wir schon die 4. feinstoffliche Ebene näher zum Göttlichen - erreicht haben. Und die 4. Ebene bedeutet, wir kommen bald in die Göttliche Ebene. Wir sind Diener Gottes – Diener der Schöpfung. Du bist auch Diener der Schöpfung – alle Menschen sind dies, nur viele wissen es noch nicht.

Wir sind alle Diener der Schöpfung. Wir gehen unseren Lebensweg, hier auf dieser Erde.

Dein Vater wird bald gehen – aber er wird wiederkommen. Schon möglichst bald. Die Seele hat noch zu lernen, und das ist göttliche Vorhersehung.

Aber seine Seele weiß es und sie weiß auch, warum sie jetzt so leidet, nur dein Vater, jetzt als Mensch, versteht dies nicht. Er kann es gar nicht nachvollziehen, weil er mit solchen Dingen nie etwas zu tun gehabt hat.

(Mein Vater hat Mitte Februar 2020 diese irdische Ebene verlassen, und ich durfte ihn beim „Hinübergehen" be – gleiten. Es breitete sich Ruhe und Frieden aus nach seinem letzten Atemzug und für mich war klar – DER TOD IST NICHT DAS ENDE.)

Wenn man es von Grund auf nicht mitbekommt, oder sich damit nicht beschäftigt, dann kann man dies nicht verstehen. So kommen viele Menschen auf die Erde, die schon als Kind hellsichtig sind. Zuerst erschrecken sie, dann sehen mich, Achachiel, viele Kinder, wenn ich bei ihnen bin und ihnen helfe, viele Kinder hören wirklich meine Stimme, und viele Kinder nehmen mich so wahr, so wie du es tust. Jedoch sie nehmen mich wahr. Und ich staune immer nur, was ich mit ihnen alles reden kann.

Es ist so schön, es ist so schön – Kinderherzen sprechen zu sehen. Und ich liebe es, ich liebe es, die Kinderherzen auf zu machen. Es ist das Schönste, was ich als Wächter der 3 Monde tun darf. Und dafür bin ich sehr dankbar.

Es gibt noch viele, viele Wächter in unseren Universen, aber darüber erzähle ich dir das nächste Mal. Jetzt habe ich mich einmal bei dir vorgestellt, wir kennen uns ja schon länger, du hast mich danach gefragt – und ich habe dir geantwortet:

Ich bin ein Wächter der 3 Monde.

Ich bin ganz real, nur man kann mich nicht sehen. Aber ich wache immer, ich wache über alles – denn die Monde gehören zum Rhythmus der Erde und zum Rhythmus des Jupiters. Sollte ein Mond nicht im Rhythmus bleiben, betrifft das alle Universen. Du weißt, wir gehören alle zusammen, es ist wirklich ein Puzzle, wo alles zusammengehört. Sollte ein Stück aus diesem Puzzle herausfallen, dann ist alles durcheinander, dann wird alles kaputt. Und für diese Puzzle der Universen gibt es viele, viele Wächter, viele, viele Engel, denn die Schöpfung hat es so vollzogen, es liegt wirklich ein Spezialplan dahinter. So wie im Kleinen, wie im Großen.

So wie ihr auf der Erde einen Plan, oder einen Wirtschaftsbericht schreibt, damit die Firma funktioniert, so ist es auch von der Schöpfung so geplant, damit alle Universen funktionieren. Die Schöpfung hat alles bedacht. Die Schöpfung hat die Pflanzen bedacht, die Tiere und die Menschen. Die Schöpfung hat für jeden Menschen und jedem Tier die richtige Pflanze.

Die Schöpfung hat den lebenden Körper so geschaffen, dass er zum größten Teil aus Wasser besteht, denn Wasser bringt die Informationen zu den Zellkernen. Es ist wichtig – es ist ganz wichtig, dass es so passiert, und irgendwann wird es auch der Mensch in der Gesamtheit erkennen, dass wir alle Eins sind.

Wenn ich jemandem anderen weh tue, dann tue ich den ganzen Universen damit weh. Es ist wie ein Stück von einem Puzzle, welches herausfällt. Solange es die Erde gibt, fallen jeden Tag viele Stücke von diesem Puzzle heraus, und die Schöpfung – repariert!

Dafür sind wir Wächter da, wir reparieren und kitten, was zu kitten ist. Und wenn es die Menschen zu weit treiben – ihr seid schon sehr nahe daran – dann wird ein Strich gemacht. Dann können wir nicht mehr reparieren, dann müssen wir einmal säubern.

Und dieser Tag wird kommen, und das schon bald. Denn der Mensch treibt es zu weit, er greift in die Schöpfung ein, er greift bei Gott ein, er greift ins Leben (Spermien – Fortpflanzung) ein, er greift in die natürliche Geburt ein, und dies lässt die Schöpfung nicht mehr zu.

Eine Reinigung der Erde steht bevor – und die Erde wird sich neu formatieren. Neue Pflanzen werden wachsen, neue Menschen werden hierher auf die Erde inkarnieren, und auch neue Tiere werden hier auf die Erde inkarnieren. Dieser Reinigungsprozess ist notwendig, es wird eine neue Evolution entstehen, ja – es war immer schon so. Es wird kommen, es ist einfach eine natürliche Reinigung der Mutter Erde.

Ich weiß, du hast keine Angst vor dieser natürlichen Reinigung, und du weißt es auch schon lange. Wir können die Reinigung nicht mehr verhindern, aber wir können für uns etwas tun. Wir können unsere Seele vorbereiten auf einen besseren Weg nach dieser Reinigung.

Die Menschen können ihre Seele jetzt schon vorbereiten, es gibt schon so viele Menschen, die seelisch so gewachsen sind, die auch wissen, ok, die Reinigung kommt, aber ich möchte praktisch meine Seele so weit vorbereiten, dass ich, auf dieser schönen Erde etwas bewirken kann.

Und dafür sind heute sehr viele Seelen auf der Erde, auch deine Enkelkinder und deine Kinder, auch wenn sie es noch nicht wissen. Die Seelen und Kinder von den Menschen bereiten sich schon lange darauf vor. Es ist schon im Gange, und glaube mir, es ist wichtig.

Es wird eine schöne Erde, es wird eine lichtvolle Erde, und es wird endlich die

Erde der LIEBE

Die Erde der REINHEIT

Die Erde des MITEINANDER

Die Erde der FREUDE

DIE EINSAMKEIT ÜBERWINDEN

Es ist keine Frage der Zeit – sondern es ist die Frage des Lichts.

Einsamkeit ist nicht real – Einsamkeit ist ein Wort – ein Wortspiel. Ein – sam – heißt: zusammen, und keit – dies heißt:

Zusammen sind wir Eins.

Das Wort Einsamkeit wurde von den Menschen falsch interpretiert. Niemand ist einsam – er ist ein – in sich – ein Individuum.

Wenn der Mensch sich einsam fühlt, dann sind das meistens keine guten Gefühle. Ich sage dir, liebe Wesenheit Mensch, auch wenn du alleine zu Hause bist, wenn niemand da ist, wenn du keine Familienangehörigen mehr hast, du bist nicht alleine. Wenn du auf dein Umfeld achtest, auch wenn du alleine zu Hause bist, wirst du merken, dass Schwingungen da sind. Schwingungen in Form von Lufthauch, wenn du doppelte Zahlen siehst, wenn dir etwas auffällt, was dir sonst nicht auffallen würde, das ist immer ein Zeichen dafür, dass du nicht alleine bist.

Kein Mensch ist alleine, Niemand ist alleine.

Wir sind ALLE EINS.

Und Schwingungen und Energien, die um uns herum sind, dürfen wir mit der Zeit immer mehr wahrnehmen. Unsere Wahrnehmung wird stärker werden, wenn wir uns dessen bewusst sind, dass wir nicht alleine sind, sondern das mit uns immer jemand da ist. Wir haben unsere geistigen Wächter, wir haben unsere Engel, die uns helfen. Engel als geistige Wächter, wir haben manchmal auch Wesenheiten – Geistwesen, Kobolde, ja das gibt es, auch diese sind da.

Du bist ein Mensch, deine Seele weiß, dass sie nicht alleine ist. Nur mit dem Kopf und dem Verstand – glaubst du, du bist alleine, denn niemand meldet sich bei dir. Was mache ich heute, ich bin wieder alleine, gehe ich alleine spazieren?

Ich sage dir – du bist nicht alleine. Wenn du spazieren gehst – siehst du sehr vieles in deinem Umfeld, wenn du darauf Acht gibst. Z.B: Wie die Vögel zwitschern, oder wenn andere Menschen auch spazieren gehen und bei dir vorbei gehen – man grüßt sich – oder wenn Hunde vorbeilaufen.

Du darfst ab jetzt eine andere Wahrnehmung bekommen – auch wenn du alleine bist – du bist nicht alleine. Gerade in der Natur wirst du merken, wie viel um dich herum Energie ist. Wieviel Schwingung ist und wieviel Freude um dich herum ist.

Das Leben ist Leichtigkeit, das Leben ist die Liebe, also mach endlich auf die Türe deines Herzens. Lass Leichtigkeit, lass Liebe herein, dann spürst du es in deinem Herzen. Dann hast du nicht mehr diese Sehnsucht nach jemandem anderen. Denn dann hast du die Fülle in dir.

Einsamkeit ist ein Wort – ist ein betiteltes Wort der Menschheit – es gibt keine Einsamkeit, denn wir sind niemals allein. Es sind immer Wesenheiten um uns herum. Je mehr du dir dessen bewusst wirst, umso mehr wirst du Acht geben, auf dein Rundherum, wenn du in der Stille bist, wenn du in der Ruhe bist.

Wenn du das Gefühl hast, dass du heute einsam bist, dann achte auf dein Umfeld. Es ist jede Menge los um dich herum.

Auch wenn du weg gehst, mit dem Auto wo hinfährst, Rundherum sind viele Autos, auch wenn du spazieren gehst, du wirst merken, du bist nicht alleine. Es gibt so viele Schwingungen und Energien, so viele aufmunternde Ereignisse, die wir wahrnehmen können. Wenn wir offen dafür sind. Wenn wir unsere Herzen öffnen, wenn wir die Liebe zu der ALL EIN HEIT öffnen, dann werden wir merken, dass wir nicht alleine sind. Es ist immer jemand da, kein Individuum, keine Wesenheit Mensch, keine Wesenheit Tier – niemand geht alleine durch die Welt.

Jeder von ihnen hat Begleiter. Begleiter, die keine menschliche, oder besser gesagt, feste Materie haben, aber diese Begleiter sind da.

DIE EINSAMKEIT ÜBERWINDEN – ist ganz leicht. Wenn du dir bewusst bist, dass EIN – ein und dasselbe – SAM – zusammen – ALLES IST. Dann weißt du, das

Wort Einsamkeit ist nur ein zusammengefügtes Wort von den Menschen.

WIR SIND – wir sind im WAHREN SEIN.

DU BIST IM WAHREN SEIN

Einsamkeit überwinden heißt – IM WAHREN SEIN ZU LEBEN.

Im Wahren Sein nimmst du alle Dinge rundherum wahr, die um dich sind. Und auch wenn du alleine bist, du nimmst wahr, was um dich herum geschieht. Je feinfühliger du bist, je sensibler du bist, umso mehr wirst du die Wesenheiten um dich herum wahrnehmen, die dich begleiten.

Die dich begleiten aus Liebe, die dich begleiten, weil sie ein Schutzengel sind, weil sie dein kosmischer Begleiter sind hier auf der Erde, damit du deinen Lebensplan leben darfst und leben kannst. Sobald du aus der Bahn geworfen wirst, und deinen Lebensplan nicht mehr lebst, begleitet dich dein Geistführer und zeigt dir wieder deinen Weg, damit du wieder auf deinen Lebensplan kommst.

Was heißt Einsamkeit?

Ich habe es dir schon erklärt. Ein - heißt immer – EINS- und Ein heißt vereint mit ALLEM. Sam – kommt von zu – sammen – also zusammen – VEREINT mit ALLEM, heißt das. Das heißt nicht, das was die Menschheit bewertet hat, dass man alleine ist, sondern ihr seid nie alleine. Niemand ist alleine auf dieser Erde. Wir sind alle eins, und wenn wir glauben, wir sind alleine, dann täuschen wir uns. Wir haben immer geistige Helfer um uns, mit uns, und Wesenheiten, die darauf achten, dass wir unseren richtigen Weg gehen.

Einsamkeit gibt es nicht – es gibt nur dieses Modewort – Einsamkeit, was von den Menschen erfunden worden ist. Einsamkeit hat für den Menschen heute keine hohe Schwingung, sondern eher eine tiefe Schwingung, keine gute Schwingung.

Dies wurde mit dem Wort bewusst so hervorgebracht, damit Menschen nicht glücklich sind. Wenn du diese Energie von dir fern hältst, und dir bewusst bist, dass das Wort ein Modewort ist und Einsamkeit in Wirklichkeit – ZUSAMMEN – heißt – WIR SIND IMMER ZUSAMMEN EINS – dann wirst du verstehen, und dann kommst du sofort in eine andere, lichtvollere, schöne Energie- du gehst wieder in eine lichtvollere Energie, weil du weißt – ok, ich bin jetzt alleine, hier zu Hause. ALL EIN heißt, mit allem EINS SEIN.

Einsamkeit heißt: Zusammen Eins sein.

ALL EIN – heißt: mit dem All eins sein. Verstehst du das jetzt, merkst du den Unterschied. Allein wurde den Menschen eingetrichtert, allein – eine tiefere Energie, keine gute Schwingung, wenn man davon spricht.

Ich sage dir das stimmt nicht – ALL EIN ist die höchste Energie – ALL EIN – mit dem ALL eins sein. Mit Allem Eins sein – da steckt das Wort schon drinnen, Wir sind alle eins. Alle und Jeder ist mit jedem verbunden, das heißt wir

Alle sind mit dem Göttlichen verbunden und somit alle Eins.

Es macht mir jetzt eine große Freude, dir das so zu erklären. Allein ist das Modewort der Menschen, wir sagen ALL EIN HEIT. Du, Ihr alle, seid mit dem All – mit dem Göttlichen EINS. Allein kannst du aus deinem Wortschatz streichen, allein sollte immer mit der höchsten Christusenergie verbunden werden, mit der höchsten ALL EIN HEIT des Göttlichen. Einsamkeit ist das gleiche Modewort. Du kannst es aus deinem Wortschatz streichen. Einsamkeit gibt es nicht. Allein und Einsamkeit aus dem Wortschatz streichen, dies sind Modewörter, die der Mensch einst bewusst so interpretiert hat, damit Menschen nicht glücklich sind. Es bedeutet beides – dass wir mit allem eins sind. Jeder ist mit jedem verbunden. Genauso kannst du als normales menschliches Lebewesen, wenn du glaubst, dass du ein – sam bist, dann erinnere dich daran – einsam heißt:

MIT ALLEM EIN SEIN.

ALL EIN SEIN

Ich hoffe, ich konnte dir das Wort Einsamkeit und das Wort Allein auch erklären, bitte nimm es vollkommen wahr in dein Bewusstsein auf und verstehe, dass du niemals allein bist. Du bist immer

ALL EIN. Du bist immer mit allem verbunden.

Ich liebe dich aus ganzem Herzen, und ich danke dir, dass ich dir das so erklären durfte.

12.01.2020

(VER)FOLGE DEIN LEBEN IN EINER NEUEN LEBENSPERSPEKTIVE

Ver – ist immer Vergangenheit, es soll heißen: Folge dem Leben in einer neuen Lebensperspektive – Deinem Leben!

Damit ist gemeint – ihr Menschen seid von dem Schöpfer erschaffen. Ihr kommt vom Göttlichen und ihr geht wieder ins Göttliche zurück, wenn ihr aus diesem menschlichen Körper hinausgeht. Aber in dieser Zeit, wo ihr hier auf der Erde lebt, ist es notwendig, dem Leben eine Lebensperspektive zu geben. Lebensperspektive heißt: In der Zukunft, wie soll mein Leben aussehen, wohin möchte ich gehen, was ist mein Ziel. Für deine Lebensperspektive sollte immer DEIN GEIST ein Ziel fokussieren. Wenn du in deinem Leben nicht mehr weiter -kommst, wenn du merkst – bei dir steht alles still – irgendetwas stimmt nicht mehr – und du bist nicht mehr zufrieden mit dir, dann möchte ich dir jetzt sagen:

„Bitte überdenke dein Leben hier und jetzt, in diesem Moment, setze dich in Ruhe hin, atme tief durch, gehe „geistig" auf einen wunderschönen Platz, der nur dir alleine sehr gefällt, und gehe in die Ruhe. Spüre in deinen Körper hinein, spüre hinein, was dein Körper macht, wenn du verschiedene Gedanken wirklich gezielt fokussierst. Ist bei diesen verschiedenen Gedanken der Körper ruhig und es fühlt sich gut an, dann ist es richtig.

Wenn du verschiedene unangenehme Gefühle hast, vielleicht ein Stechen im Kopf, in der Magengegend, oder deine Füße werden ganz schwer, dann ist dieser Gedanke, den du jetzt gerade gedacht hast – nicht gut für dich. Diese Situation oder diese Person, oder diese Information tut dir nicht gut."

Dein Körper zeigt dir selbst, wohin du deine Lebensperspektive wenden sollst.

FRAGE GEZIELT

Gehe in dich und frage gezielt, ob das, wo du jetzt im Leben stehst und bist, ob dein Beruf, Partnerschaft, Wohnung für dich noch in Ordnung ist. Du kannst dich selbst über deine Gefühle am Köper selbst abfragen, alles nacheinander und mit viel Intuition und Gefühl. Ganz langsam – und spüre in dich hinein, solltest du merken, dass sich etwas nicht so gut und richtig anfühlt, dass sich irgendetwas wehrt in deinem Körper bei deiner Frage, dann schau hin.

Schau hin, was du an diesem Thema ändern darfst, kannst oder sollst. Und fokussiere gezielt –

DAS ZIEL.

Wohin willst du gehen, wie soll es sein – denn bei diesem Ziel wirst du ankommen.

Jeder Mensch sollte mehrere Lebensperspektiven haben, man sollte entscheiden können, was ist für mich jetzt wirklich das Richtige. Du solltest Dinge, die du absolut gerne machen würdest, in den Fokus stellen, und als Ziel vorausschicken. Und so vorausschicken, als ob du es schon bist, als ob du es schon tust, als ob du es schon gemacht hast oder mittendrin bist. Dies ist wichtig, damit diese Energie, die du jetzt in dem Moment aussendest, in das kosmische Geistfeld (Akasha) gehen kann, und dir genau diese Situation zurückbringt. Denn alles, was du von deinen Gedanken her aussendest – KEHRT ZU DIR ZURÜCK.

Wenn du es richtig fokussierst, wenn du deine Lebensperspektive richtig anordnest, dann wird auch dein Lebensweg in die richtige Richtung gehen. Ganz automatisch wirst du von deinen „geistigen Helfern" geführt, und du wirst dem Ziel nähergebracht. Zeit ist nicht

relevant, deshalb ist es meistens so – sollte es nicht so schnell funktionieren, dann ist die Seele noch nicht so weit. Du bist noch nicht so weit, dein Köper ist noch nicht so weit, es müssen noch andere „Steine" aus dem Weg geräumt werden, damit du dein Ziel erreichst. Step by Step – einen Stein nach dem anderen wegräumen, und dies kann länger dauern.

Hier auf der menschlichen Ebene, auf der Erde – gibt es die Zeit. Ich sage dir, gib dir die Zeit, gib dir die Wochen – Monate – Jahre. Es kann nicht von einem Tag auf den Anderen gehen. Das ist hier auf der Erde nicht möglich. Die Materie muss mit – es sind viele Wege, die sich da überschneiden, wo man einfach noch „Steine aus dem Weg räumen" darf.

Wie stellst du dir dein Leben in einer neuen Lebensperspektive vor?

Wenn du eine genaue Vorstellung davon hast, dann gehe in die Meditation und gehe Schritt für Schritt diese neue Lebensperspektive ab. Das heißt, gehe mit deinen Gedanken genau Schritt für Schritt ab, was dafür zu tun ist, um in die neue Lebensphase, in den neuen Lebensabschnitt zu kommen. Wenn du jetzt weißt, wohin du willst, jedoch noch lange nicht da bist, wo du hinwillst, weil einfach gewisse Dinge in deinem Leben jetzt so sind, wie sie sind, dann mache dir bitte einen gedanklichen – oder du kannst es auch aufschreiben – genauen Weg, wie du dorthin, an dein Ziel kommst. Wenn du es gedanklich nicht so fokussieren kannst, dann nimm bitte einen Zettel, und schreibe es auf. Step by step – schreibe deine Schritte auf, und gehe sie mit einem Schritt nach dem Anderen. Alles, was im Leben leicht geht, mit Leichtigkeit verbunden ist – ist der richtige Weg. Alles was im Leben sich als schwierig herausstellt, ist nicht richtig.

GEHE DEN WEG DER LEICHTIGKEIT UND NICHT DEN WEG DER SCHWERE.

Mach nur diese Schritte, die sich mit Leichtigkeit verändern lassen, das andere lässt du noch. Es kommt von alleine, dass das Eine mit dem Anderen mitgeht. Ihr Menschen glaubt immer, dass ihr alles mit dem Verstand und dem Ego erzwingen könnt. Es lässt sich nichts im irdischen Leben erzwingen. Nur du – wenn du keine

Lebensperspektive vor dir hast – als Seele und als Mensch – wo willst du dann hin.

Dann „blabbelst" du im „Schwimmbad „des Lebens hin und her, und kommst nicht mehr heraus. Du schwimmst hin und her, immer das Gleiche und hast keine zukünftige Lebensperspektive mehr, um wirklich was zu ver – ändern und vom „Schwimmbecken" wieder heraus zu kommen.

DU BRAUCHST EIN ZIEL UM DEINEN LEBENS – FOKUS ZU GEHEN

Also, wenn du Erfolg haben möchtest, Erfolg in der Partnerschaft haben möchtest, in eine neue Partnerschaft gehen willst, oder aus einer alten Partnerschaft heraus gehen möchtest, wenn du dein Leben verändern möchtest, wenn du einen Wohnungswechsel vor hast, dann setze dich zuerst hin und achte genau auf deine Gedanken, was du wirklich möchtest.

Nicht nur umziehen in eine andere Wohnung – sondern stelle dir diese Wohnung wirklich vor. Wo sollte der Platz der Wohnung sein, wo möchtest du hinziehen, wie soll deine Wohnung innen aussehen. Wie sollte sie räumlich aufgeteilt sein, wie stellst du dir das vor.

Und stelle es dir bitte genau vor. Fokussiere es ganz genau – bei deiner neuen Wohnung kannst du dir deinen Vorstellungen freien Lauf lassen, alles das, was du willst, so soll sie aussehen. Du wirst sehen, wenn du dir dieses Ziel aufschreibst, und genau alle kleinen Details deklarierst – wie die Wohnung aussehen soll, und auch wie der Ausblick sein sollte, in welcher Gegend du wohnen möchtest, auch welche Verkehrsverbindungen da sein sollten, und auch die Einkaufsmöglichkeiten usw. – all dies kannst du dir genau vorstellen und fokussieren um deinen Traum näher zu kommen.

Du wirst sehen, binnen kürzester Zeit – es kann auch Monate dauern – wirst du genau diese Wohnung oder eben etwas ähnliches bekommen. Du bekommst diese Wohnung, die für dich die Richtige ist. Jedoch ohne Ziel – ohne Vorstellung – schwimmst du wieder im Schwimmbecken hin und her – und du kommst nicht heraus.

Denn der GEIST – MIND – weiß nicht, wo du hinwillst. Du hast zwar einen Wunsch, ich möchte eine neue Wohnung – aber du hast davon keine wirkliche Vorstellung. Wohin willst du, wie soll sie aussehen usw.

All dies sollst du ganz genau deklarieren. Bitte genaue Einzelheiten, alles, was du genau aufschreibst, alles was du genau in deinen „Mind" in deinen Geist gibst, so wird die Energie hinaus in das Universum - Kosmisches Geistfeld – Akasha – geschickt, und wird dann, wenn es genau für dich passt – zu dir zurückgeschickt. Glaube mir – es wird wahr.

Alle deine fokussierten Wünsche und Geschehnisse werden aufgrund vom Gesetz der Resonanz zu dir zurückkommen. Die Information der neuen Wohnung – wird so wie du sie ausgesendet hast – auf dich zu kommen.

Sehr viele von euch Menschen sind in einem Hamsterrad gelandet. Hamsterrad heißt – wie ein kleiner Hamster sich im Rad des alltäglichen Lebens zu drehen, um allen Anforderungen wie Geld verdienen, Familie gründen, Kinder erziehen gerecht zu werden.

Das heißt du hast auf dich vergessen, hast damit dein Ziel aus den Augen verloren, dein Ziel von deiner Seele – weswegen du auch hier auf die Erde gekommen bist.

Gerade dein Leben – Schule gehen, Lehre oder Mittelschule, Partnerschaft oder Ehe, Kinder – Haus oder Wohnung – sollte im hier und jetzt Freude bereiten, das Leben mit deiner Familie zu genießen, das tun, was einem gut tut, und nicht das tun, was einem nicht gefällt oder sogar krank macht. Für alle diese kleineren Lebensziele, die banal sind für die Menschheit, auf die jeder ein Recht hat – dies auch mit Freude zu leben – für all das – musst du dafür schwer arbeiten. Hineingepresst in das Hamsterrad – damit sich ja finanziell alles ausgeht. Monat für Monat – Jahr für Jahr.

Ja, von den Macht – Spielen der Mächtigen ist es so gewollt – der Mensch wurde in ein Schema gepresst – wo er nicht mehr – oder nur mit absoluter Eigenverantwortung etwas ändern kann. Der Mensch wird so getrimmt von der Zeit – den Mächtigen – damit er läuft und läuft und läuft – im Hamsterrad, und nicht mehr herauskommt.

Jeder Mensch sollte für sich wirklich sein Leben fokussieren, wo will ich hin, was will ich dafür tun, damit ich es erreiche, und dann kommt er auch zum Ziel.

Ihr alle sollt nicht mehr im Hamsterrad laufen, ihr sollt Eigenverantwortung für euch, für eure Familie, für eure Kinder übernehmen und wirklich fokussiert das Leben weiter gehen.

Von der Schöpfung ist es nicht so gewollt, dass der Mensch keine Zeit mehr für sich hat, denn wenn du keine Zeit mehr hast für dich selbst, dann **Verlierst du dich selbst aus den Augen.**

Es kommt eine Zeit, wo du dann merken wirst – du spürst dich nicht mehr, und dann kommt irgendwann der Impuls der Seele – so jetzt mag ich auch nicht mehr. Bitte merke dir dies – wenn die Seele in deinem Körper sagt: „Ich mag nicht mehr!"

Du läufst und läufst im Hamsterrad, und erkennst nicht – warum du hier auf der Erde bist. Ja – dann gehst du einfach wieder von der Erde weg. Die Seele geht, und du musst mitgehen. Der Körper geht in irgendeine Krankheit und stirbt – oder an einem plötzlichen Tod – und du wirst aus dem Leben gerissen – weil du in deinem Leben nicht auf dein Innerstes gehört hast und immer einen Weg gegangen bist – der nicht der Weg deiner Seele war.

Jeder Mensch sollte wirklich sein Leben fokussieren, in seine Mitte gehen und auf seine Gefühle – die Gefühle des Herzens und der   Seele - hören, um damit seinem wirklichen Ziel näher zu kommen. Und dies wirklich zielgerichtet anstreben.

Wenn viele Menschen beginnen, das Leben bewusster zu leben, die Ziele vor Augen zu haben, ihre Ziele zu fokussieren, die Ziele aufzuschreiben, dann kommen sie auch am Ziel an.

Das nennt man Eigenverantwortung, Selbstverantwortung und vor allen Dingen das Leben nach „Gottes Plan" - „Seelenplan" zu leben.

Der Satz – Verfolge dein Leben in einer neuen Lebensperspektive heißt – dein Leben mit deinem Lebensziel vor Augen – zu leben.

Ich sage dir – ver-folge – ver ist Vergangenheit – das heißt dann –

du sollst nicht folgen!

Ich sage dir – streiche das ver, denn ver ist Vergangenheit, sondern nimm das Tunwort

„Folge"

... deinem Leben ...

Dann ist der Satz richtig. Bitte, liebe Wesenheit Mensch – Folge deinem Leben in einer neuen Lebensperspektive. Nimm dir dein Ziel vor Augen, fokussiere es, mache es zuerst geistig, setze dich hin und überlege dir ganz genau – wo willst du (zu)- künftig hin.

Zu – kunft – ist wieder so ein Modewort der Mächtigen. Zu – heißt zu, geschlossen, nicht vorwärts zu kommen.

Künftig ist ein besseres Wort dafür. Aber wir würden nie fertig werden mit den verschiedenen Wörtern – höre einfach künftig genau hin.

Visualisiere dir dein Ziel – was brauchst du dafür, was willst du dafür tun, und schreibe dir alles Schritt für Schritt auf und gehe nach diesen Zeilen, damit du wirklich dein Lebens – ZIEL – erreichst wo du hin möchtest.

Wenn du nicht mehr im Hamsterrad weiterlaufen möchtest, und es nicht mehr an – treiben möchtest, dann visualisiere

DEIN LEBENSZIEL.

FOLGE DEINEM LEBENSZIEL
Folge deinem Lebensziel mit einer neuen Lebensperspektive. Es ist nie zu spät, NIE!

Und wenn du dir selbst nicht helfen kannst, nicht weißt, was du dazu tun kannst – es gibt viele, und gute Therapeuten, es gibt viele, viele gute Menschen, die mit dir Gespräche führen, damit du einen neuen Blickwinkel im Leben bekommst und damit du wirklich deine neue Lebensperspektive erreichst.

All das macht aus dir einen NEUEN Menschen, einen viel glücklicheren Menschen, und es macht aus dir einen Menschen der aus dem Herzen spricht und aus dem Herzen wirkt und aus dem Herzen lebt. Neue Lebensperspektive, wirkliche neue Lebensziele, die in deinem Herzen sind, diese zu erreichen, ist die höchste göttliche Schwingung.

Wenn du nach deinem Herzens – Lebens – Weg lebst, und du den Fokus dorthin legst, dass du wirklich aus dem Herzen leben kannst, und damit dein Leben in eine andere

Richtung lenkst, weil es jetzt – so wie es ist – nicht mehr passt für dich, dann gehst du deinen göttlichen Lebensplan.

Es ist wichtig, den göttlichen Lebensplan – den sich deine Seele ausgesucht hat – zu gehen. Dazu gehört auch eine neue Lebensperspektive – wenn man irgendwo feststeckt – zu leben und zu erreichen. Der göttliche Lebensplan ist der, den du jetzt hier in deinem menschlichen Körper auf der Erde leben darfst, sollst und musst. Es sind sicher einige Steine aus dem Weg zu räumen, da du ja mit deinen Gedanken in deinen Leben, die du vorher schon gelebt hast, diese steinigen Wege selbst produziert und projektiert hast. Da du alles mit deinen Gedanken in das kosmische Geistfeld – Akasha oder Universum hinaussendest, in deinen früheren Leben, wie auch jetzt, muss alles – wenn es in Resonanz geht mit deinen Gedanken – gelebt werden und kommt wieder zu dir zurück. Es kommt zu der Wesenheit Mensch zurück, in der die Seele jetzt gerade lebt, und **muss** gelebt werden. Es muss in die Tat umgesetzt werden. Wird es nicht in die Tat umgesetzt, auch wenn deine Gedanken in diesem Leben nicht in die Tat umgesetzt werden, dann kommen diese in einem deiner nächsten Leben zu tragen, und du wirst sie dann in die Tat umsetzen müssen.

DENN DAS GESETZ DER RESONANZ WIRKT

Es kommt wieder auf dich zurück. Eine neue Lebensperspektive können wir jetzt in diesem Körper, in diesem Leben jederzeit beginnen. Wenn du dich hin setzt, wenn du dein Ziel vor Augen hast wohin du möchtest, schreibe es auf, gehe es Schritt für Schritt in deinen

Gedanken durch, bis du dorthin kommst, mach dir Ziele, mache dir genaue Vorstellungen, wie das genau aussehen soll, es ist egal – welches Ziel du vor Augen hast – ob es eine neue Wohnung ist, ein neuer Partner, eine neue Berufsmöglichkeit für dich ist, was du wirklich schaffen und tun möchtest, wo du auch aus dem Herzen heraus und mit Freude und mit Liebe dies kreativ gestaltest. Es ist alles möglich. Mach es einfach – setze dich hin und tue es einfach. Wir sind hier auf der Erde um unseren Lebensplan und damit auch Seelenplan zu leben. Wir sind nicht hier auf der Erde um im Hamsterrad zu sein, um nicht mehr herauszukommen.

Ich sage es dir noch einmal: Schau was du ändern kannst, schau was du tun kannst – setze dir Ziele, fokussiere sie ganz genau, schmücke sie aus mit den schönsten Dingen, und gehe step by step – Deinen Weg.

„FOLGE DEINEM LEBEN MIT EINER NEUEN LEBENSPERSPEKTIVE!"

16.01.2020

LIEBE

Was bedeutet Liebe für die Erde und für uns Menschen?

Meine liebe Elisabeth, Liebe ist die höchste Form des Göttlichen. Liebe ist kein Wort, Liebe ist Alles. Liebe ist alles was ist. Der Schöpfer ist Liebe. Der Schöpfer hat Liebe geschaffen, du bist Liebe, wir sind Liebe, alles ist Liebe. Das Wort Liebe zu definieren, dies machen eigentlich nur die Menschen. Die Menschen definieren Liebe mit dem Verstand.

Liebe da, Liebe dort…Nein Liebe Menschen, es ist nicht richtig.

LIEBE IST

Alles was du sagst, alles was du denkst, alles was du tust, und alles, was rund um dich herum ist – ist Liebe. Es ist in Liebe geschaffen von unserem Schöpfer. Und die Liebe – egal ob in einer „hohen Schwingung" oder einer „tiefen Schwingung" – auch das ist Liebe. Liebe ist, wenn ich einer Seele hier auf Erden den Weg zeige. Liebe ist, wenn andere Seelen dir den Weg zeigen. Liebe ist, wenn ich auf meinem Weg angehalten werde, und mir etwas widerfährt und eine andere Seele dafür verantwortlich ist. Du und diese andere Seele habt es euch abgesprochen, bevor ihr inkarniert seid auf diese Erde. Es ist eine ausgemachte

Sache, alles was hier auf der Erde geschieht, alles was hier in unserem Leben geschieht, geschieht alles in Liebe.

In Liebe deshalb, weil die Liebe alles ist.

Die Liebe ist das reine Sein im Menschen. Die Liebe ist auch das reine Sein in der Erde, bei den Tieren und die Liebe ist Alles.

Alles ist Schöpfung! Jedes kleinste Detail von jedem einzelnen ist Liebe. Und Liebe ist das Versprechen zweier Seelen, wenn sie sich hier auf der Erde dann im menschlichen Körper weh tun. Das ist Liebe – denn wenn die eine Seele der anderen Seele weh tut, dann darf die andere Seele dadurch lernen. Wir lernen nur im menschlichen Körper. Da spüren wir alle Höhen und Tiefen, und da spüren wir Schmerzen und die Freude im Leben, Demut und Glückseligkeit.

Liebe ist genau das, weshalb du auf die Erde gekommen bist. Die Erde schenkt dir die Liebe, die Menschen schenken dir die Liebe, du schenkst ihnen die Liebe – denn wir sind Alle – Alles.

WIR SIND ALLE LIEBE

Der Schöpfer ist bedacht, dass Liebe niemals (ver)geht. Liebe ist die Freude.

Wenn wir es jetzt mit dem menschlichen Verstand übersetzen – dann bedeutet Liebe – die körperliche Liebe zwischen zwei Menschen – zwischen zwei Partnern, es bedeutet Liebe – dem anderen etwas Gutes tun, oder liebevoll mit deinem Umfeld umzugehen, das bedeutet auch Liebe…

Dies ist jetzt aber mit dem menschlichen Verstand eingeordnet, denn Liebe ist alles, alles was du tust, auch wenn es nicht schön ist, ist es Liebe.

Liebe ist die höchste Form der Schöpfung und in der Liebe ist die „Wesenheit Mensch" vollkommen.

Bist du in der Liebe?

Ja, du bist in der Liebe, jeden Tag, jede Sekunde, jede Minute, jede Stunde bist du in der Liebe. Wenn du dieser Liebe dir bewusst

wirst, dann kannst du auch deinen Körper bewusst mit deinen Gedanken diese Liebe geben. Deinen 50- bis 80 Billionen Zellen kannst du jeden Tag diese Liebe zukommen lassen, gib deinen Zellen die Freude, gib deinen Zellen die Leichtigkeit, gib deinen Zellen die Zufriedenheit und gib deinen Zellen vor allen Dingen von deinem Verstand und deinen Gedanken her – die Gesundheit. Denn jede einzelne Zelle ist Liebe.

LIEBE VOM SCHÖPFER - Liebe hat der Schöpfer ausgesandt, denn aus Liebe sind wir alle erschaffen. Die Liebe, die jede einzelne Wesenheit Mensch und jeder einzelne Körper in sich trägt, der einzigartig ist auf der Erde und in der Schöpfung. Jeder einzelne Mensch und jede einzelne Zelle sind einzig – artig. Es gibt nichts Gleiches – nichts Gleichwertiges – keine Zelle gleicht der

Anderen. Das ist Liebe – das ist die höchste Form der Schöpfung – die höchste Form der Schöpfung ist die Liebe, ist die allumfassende Liebe, ist die Liebe in uns, ist die Liebe um uns, und ist die Liebe am ganzen Planeten Erde, und in allen Universen. Genau so, in allen Universen ist die Liebe die höchste Form und das höchste Tun des Schöpfers. Der Schöpfer hat euch allen die Liebe gegeben, jede einzelne Zelle ist Liebe.

Keine einzige Zelle müsste erkranken, wenn wir uns dessen noch mehr bewusst werden. Jede einzelne Zelle, jeder einzelne Körper ist absolut – Liebe. Und wenn du das Wort Liebe mit dem Höchsten, mit Frieden, mit Freundlichkeit, mit Glückseligkeit, mit Herzens – Freude (ver)bindest, dann bist du gesund, dann wirst du wieder gesund und dann lebst du absolut in der höchsten Form der Schöpfung – IN DER LIEBE!

Wenn du in deiner Freiheit und nach deinem inneren Frieden im Herzen lebst und die Liebe erkennst, dann lebst du DICH.

Dann lebst du in der Liebe, dann lebst du in Frieden und dann lebst du in der Freiheit. Lebe in deiner Liebe, lebe in dir, lebe dich so, wie du dich leben möchtest, dann lebst du in der allumfassenden, ganzen, vollkommenen und schönen Liebe.

Die Liebe ist jetzt gerade hier – die Liebe ist überall. Sie macht keinen Unterschied zwischen dir und mir. Wir alle sind Liebe und wenn wir die Liebe in uns einfließen lassen, uns jeden Tag bewusst sind, die Liebe bin ich, ich sende Liebe aus, denn ich trage sie in mir, ich bin die LIEBE.

„Wenn ich irgendwo hin gehe, wenn ich unter Menschen bin, dann sende ich Liebe aus. Mache ich mir das jeden Tag bewusst, dann sende ich Liebe aus und sende von meinen Gedanken her diese Liebe anderen Menschen hin, und auch in ihnen, den vielen anderen Menschen wandelt sich die Zelle. Denn die Zelle erkennt diese großartige, allumfassende, nichts wollende, einfach tuende - Liebe."

Wenn ihr euch dessen bewusst seid, dass ihr mit eurem vollen Verstand, mit eurem Körper und mit dem Wissen – DIE LIEBE SIND WIR – ICH BIN LIEBE – hinaus geht, hinaus in eurer Umfeld, nach Hause zur Familie – die Türe öffnen - und (mit dem Wissen, dass ich Liebe bin) die Liebe geht auf alle anderen Personen auch über.

Je mehr Menschen sich dessen bewusstwerden, je mehr Menschen sich im Unterbewusstsein einprägen, das wir ALLE LIEBE SIND, desto größer wird die ALL – UM – FASSENDE LIEBE.

Gerade in dieser Form – wenn wir zur Arbeit gehen, wenn wir woanders hin gehen, mit dem Wissen, Liebe auszusenden, einfach Liebe verschenken – denn Liebe gibt – Liebe fragt nicht – Liebe ist wunderbar – Liebe ist absolut das allerschönste und allerbeste, was der Schöpfer für uns erschaffen hat. Wir sind Liebe – unser Körper ist Liebe – alle Pflanzen sind Liebe, je mehr Liebe du deinen Pflanzen entgegenbringst, umso mehr Liebe bekommst du zurück.

Je mehr Liebe du deinen Tieren schenkst, denn deine Tiere sind Liebe, deine Tiere sind die Vollkommenheit – WIE DU. Ein Tier ist etwas anders von der Schöpfung geschaffen, jedoch ES IST LIEBE.

Du gibst allen Tieren die Liebe aus deinem Herzen entgegen, und du bekommst jede Menge Liebe von den Tieren zurück. Wir alle gehen mit voller Liebe durch das Leben, warum sind wir uns nicht bewusst, dass wir diese Liebe auch jeden Tag bewusst ausstrahlen? Bewusst mit dem Gedanken auch ausstrahlen, und uns so bewusst sind, dass wir soo viel Liebe weitergeben können, sodass irgendwann unser Planet Erde absolut in der Herzens – Liebe ist. Irgendwann ist die Erde – „Der Planet der Liebe"! Die Erde wandelt sich in den Planeten der Liebe.

Wir alle können es schaffen – Alle – jeder einzelne – kann es für sich tun, und die Energie der Liebe trägt sich weiter. Wir alle – schaffen miteinander den Planeten der Liebe.
Die Erde ist auch Liebe – der Planet Erde ist Liebe und wir geben diese Liebe unserm Planeten Erde weiter, unseren Trabanten weiter – den Planeten in den Universen weiter – und so schaffen wir

EIN UNIVERSUM DER LIEBE

Mit Unserem Denken

Und Mit Unserem Tun

Mit Unserem Bewussten Sein

ICH BIN LIEBE

Lieber Leser, da wir jetzt im März 2020 in einem großen Umwandlungsprozess stehen, möchte ich auch hier in diesem Buch vom weltweiten, sich ausbreitenden „Etwas" mit teilweise meinen Worten und auch Informationen von Achachiel schreiben.

17.3.2020

WIE KÖNNEN WIR CORONA DEUTEN

Es wird zwar eine Pandemie daraus gemacht, und Angst und Schrecken damit verbreitet, aber was ist deine Übersetzung für Corona und für diese Krankheit oder eben Pandemie, die jetzt hier auf der Erde stattfindet?

Corona heißt übersetzt – WELTENWANDEL - es passiert jetzt ein Weltenwandel. Es passierte schon vorher, es hat schon einige Jahre vorher angefangen. Nur jetzt wird es auf der irdischen Ebene bestätigt und erkannt, und es wird ein Wandel stattfinden – und es findet ein Wandel statt. Die Erde wandelt sich, die Menschen wandeln sich.

Diese Pandemie ist dringend notwendig, es ist KEINE Pandemie, jedoch im Vordergrund wird es als Pandemie so gehalten, und ihr werdet im Ausgang beschränkt, damit ihr zur Besinnung kommt. Ihr dürft zu Hause bleiben, ihr dürft bei euren Familien sein, die, die sich nicht sehen können, die dürfen telefonieren, dürfen über das Internet kommunizieren, und ihr werdet sehen, ihr habt einen ganz anderen Zugang zu euren Liebsten und ihr bekommt wieder eine ganz andere Lebens – Perspektive zu euren Familien.

Die Familien sind das Wichtigste unter euch Menschen und die Familien dürfen wieder mehr zusammenhalten.

Corona heißt Weltenwandel – das heißt – ihr werdet eingehüllt in

Licht und Liebe, das bedeutet Corona.

Corona ist Licht und Liebe und ist für die Erde ganz, ganz wichtig. Von außen her findet ein Erneuerungsprozess der Erde statt, ein Erneuerungsprozess der Atmosphäre, und diese Atmosphäre ist der Welten – Wandel, und nennt sich Corona. Die Atmosphäre wird sehr angehoben, ihr kommt in die nächste höhere Dimension und deshalb müsst ihr Menschen damit rechnen, dass ihr Er – Wacht. Ihr erwacht auf allen Ebenen – ihr werdet wach!

Wach heißt – ihr werdet anfangen zu sehen, der Mensch wird hellsichtig – er wird mehr WAHR – nehmen, er wird mehr sehen. Plötzlich seht ihr die Fülle, die um euch herum ist, es gibt kein Mangeldenken mehr, es gibt keine Angst mehr – die Angst wird in LIEBE umgewandelt.

Das Erwachen – die neue Corona außen, die neue Welthülle, die neue Existenz für die Erde ist ein Erwachen in der Liebe und in der Freude.

Freut euch – es kommt eine neue Zeit. Das Alte bricht alles zusammen, es ist tatsächlich so, dass alles weg –

bricht. Jedoch habt keine Angst, ihr habt sehr viel Unterstützung von außen, wenn alles wegbricht, bricht auch bei den Mächtigen alles weg. Die Mächtigen sind die – die die Welt (be)- herrschen und jetzt die Weltmacht wollen, die brechen genauso zusammen.

Es ist ein neuer Aufbruch.

Es ist eine Neu – Geburt für euch Menschen, eine Wiedergeburt in die Liebe, in die Lebensfreude und in die Glückseligkeit. Es ist eine Wieder Geburt für das Allerhöchste Sein.

Eine Wiedergeburt für die Erde, für das Leben auf der Erde, für alles Leben auf der Erde.

Auf der Erde wird Frieden werden, Frieden unter allen Menschen, Frieden unter allen Tieren und ihr werdet so hellsichtig ihr Menschen, sodass ihr merken werdet, ihr könnt mit den Pflanzen sprechen, ihr bekommt Information zurück. Ihr könnt mit den Tieren sprechen, die Tiere bleiben stehen und sprechen euch an. Ihr werdet es merken, denn es wird eine ganz neue Situation für viele Menschen, die das nicht verstehen und glauben können. Jedoch sie werden wachsen.

Es gibt viele Menschen, die schon das Verständnis dafür haben und genau diese Menschen, die werden da sein für die anderen Menschen, die es noch nicht wahr haben wollen, dass Energie Schwingung ist, und das man genauso die Gedanken der Tiere lesen kann, und dass die Tiere so mit dir kommunizieren können und auch die Pflanzen.

Ihr werdet es merken, ihr werdet merken, dass so viel Liebe von den Pflanzen kommt, so viel Energie, so viel Schwingung auch von den Tieren, dass ihr so eingehüllt werdet in die Liebe und in das Licht, sodass es ganz ein neues Leben ist. Es ist ein neues Leben, die Erde erwacht, die Menschen erwachen.

Es wird den Himmel auf Erden geben. Freue dich lieber Leser, habe keine Angst, ich weiß, du bist oft im Zweifel, hab keine Angst. Es ist ein Umbruch, es wird euch allen nichts geschehen. Die Seele wird wachsen, und euer menschlicher Körper bekommt eine höhere Schwingung und ihr alle werdet sehen.

Namaste

31-03-2020

Ich spreche jetzt mit dir, weil du um Hilfe gebeten hast, und weil ich dich unterstützen möchte bei deinem Geist, bei deinem Denken, damit auch die richtigen Gedanken bei dir weg – gehen und wieder an – kommen.

Ich, Achachiel, bin ein Geistführer, bin hier, um mit vielen anderen auch noch zu sprechen, und Eine davon bist du. Diese Situation, die jetzt auf der Welt herrscht – ist, sage ich dir – von der geistigen Welt her – notwendig.

Wir alle, die wir hier auf der anderen Ebene sind, im Prinzip sind wir ja bei euch hier auf der Erde. Wir alle sind nicht nur irgendwo im Himmel oben, sondern Ich bin bei Dir. Nur du kannst mich nicht sehen. Wir wissen, dass es 2 verschiedene Ebenen auf der Erde gibt. Die Materielle Ebene – ist das, was der Mensch und die Erde sind, und die geistige Ebene ist das, wo wir – im Jenseits, oder eben schon auf einer anderen geistigen Ebene sind.

Das ist die Doppelpyramide – das Myon-Neutrino.

Geistige Ebene

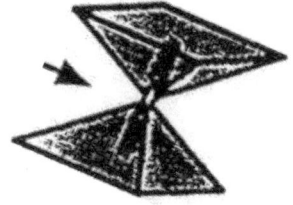

Materielle Ebene

Es gibt auch auf der Erde die zweite Seite, es ist die Seite, die ihr nicht sehen könnt, jedoch viele können sie schon sehen und wahrnehmen. Die Mehrheit der Menschen kann es nicht sehen und kann es nicht wahrnehmen. Das heißt, wenn jemand hinüber auf die andere, nicht sichtbare Ebene, geht – gestorben ist – der Körper - die materielle Ebene, bleibt unten im Myon-Neutrino, und die Wesenheit des Menschen, der Verstorbene - geht in die obere Ebene. Das heißt, in die geistige Ebene, wo man sie nicht mehr sehen kann, und sie ist trotzdem hier auf der Erde. Und so ist es auch mit der materiellen Ebene, auch mit der Ebene der spirituellen und geistigen Menschen. Die Menschen, die jetzt unten auf der materiellen Ebene - sichtbare Ebene, alles ausführen, egal wer – auch du, mit deinen Meditationen und allem was du machst – es ist alles die materielle Ebene.

In der geistigen Ebene (obere Seite der Doppelpyramide) ist es aber so, dass das, was ausgesendet – mit Gedanken - wird, auf der oberen Ebene wirkt. Und alles, was in der geistigen Ebene ist, kommt wieder auf die materielle Ebene zurück, es findet immer wieder ein Austausch statt. Alle beiden Ebenen sind hier auf der Erde vorhanden, nur die „durchsichtige, geistige" seht ihr Menschen noch nicht.

Ich hoffe du verstehst mich.

Also, es ist immer ein wechselnder Austausch – das Geistige kommt immer wieder auf die Erde zurück, und wandelt sich ins Materielle. Das was materiell geschieht, geht auch in die geistige Ebene – es ist immer wieder ein

Austausch. Ihr Menschen seid aufgefordert, diese Wahrheit zu erkennen. Der Schöpfer hat die Erde erschaffen, der Schöpfer hat seine Söhne erschaffen, seine Söhne ausgesendet, auch die Söhne haben nicht immer alles richtig gemacht. Aber Gott – der Schöpfer – hat diese Polarität in den Universen geschaffen, also nicht nur auf der Erde ist es so, sondern auch in allen Universen.

Zum Beispiel: Wir haben jetzt ein Myon – Neutrino wo unten – die materielle Ebene, das was wir angreifen können und was sichtbar ist - ein Universum drinnen ist, und das Gegenuniversum ist oben - die geistige Ebene, das was wir nicht sehen und angreifen können - auf der geistigen Ebene.

Die Wesenheiten auf den anderen Planeten wissen, wenn die Menschen sich seit Jahrtausenden vereinnahmen lassen und sich manipulieren lassen, dann wird das wahrscheinlich noch ewig so weitergehen, aber dann kann DAS LICHT nicht wachsen. Das heißt, es kann nicht größer werden. Also sind viele Wesenheiten von anderen Planeten schon unterwegs zur Erde, um diese Ebenen auszugleichen. Das heißt jetzt - die materielle Ebene in eine lichtvolle Schwingung bringen, dass sie zugleich in die Polarität geht – sprich Myon – Neutrino – in die Geistige Ebene.

So ist lichtvolle Schwingung auf der Erde -materiellen Ebene - und lichtvolle Schwingung auf der geistigen Ebene.

Und wenn sich dann diese Schwingungen austauschen können, dann kann das Licht noch mehr wachsen. Je mehr geistige Lichtvolle Schwingung zurückkommt auf die materielle Ebene der Erde, umso mehr Licht senden der Mensch, die Tiere und die Pflanzen wieder aus, weil sie mit lichtvoller Schwingung genährt werden.

Das ist der Hintergrund vom Myon-Neutrino, das ist der Hintergrund von der Pyramidenenergie. Je mehr lichtvolle Schwingung ich in die Materie bringe, umso mehr lichtvolle Schwingung bekomme ich zurück. Das ist das Gesetz der Resonanz – und deswegen, ist jetzt die Situation so.

Der Mensch wird „heruntergefahren", das heißt, viele Menschen sind zu Hause, viele Menschen denken über ihr Leben nach, viele Menschen räumen zu Hause jetzt auf – den Keller, den Dachboden – das ist schon lange fällig. Indem, dass die Menschen den Keller und den Dachboden entrümpeln – räumen sie in ihrer Seele auf.

Der Mensch wird freier, der Mensch bekommt einen anderen Blickwinkel, und wenn in der Seele aufgeräumt ist, und auch die Wohnung blitz – blank ist, so reinigt der Mensch auch seine Seele.

Das heißt, auch das Haus hat 2 verschiedene Ebenen – das materielle Haus - und die 2. Ebene im Myon – Neutrino ist die Geistige Ebene. Wenn ich unten in die materielle Ebene eine reine Energie hineinbringe, dann bringe ich zugleich auch im geistigen eine reine Energie hinein. Es ist wieder die Polarität – wieder das Myon – Neutrino, wieder die Doppelpyramide. Ich hoffe, du verstehst mich. Es ist wichtig, dass du das verstehst, und es ist wichtig, dass du dies auch erklären kannst.

Aber jetzt zu Euch Menschen:

Je mehr ihr negative Energie aussendet, umso mehr bleibt der Mensch in der Materie, denn die Resonanz bringt es wieder zurück. Hört auf mit Videos, mit Informationen, die keine gute Schwingung haben, auszusenden. Wenn es in euren Herzen stimmig ist, dann schickt nur das weiter, was auf der materiellen Ebene die Liebe weiterverbreitet, das Lichtvolle weiterbringt, und nicht Informationen, wo man gar nicht weiß, welche Wahrheiten dahinterstecken. Es gibt auch hier die lichte Seite von den Menschen, und auch die dunkle Seite von den Menschen. Ihr dürft dies immer vom Größeren ins Kleinere sehen. Also bitte hört auf mit Informationen, die den Menschen Angst machen, weiter zu schicken und weiter zu sprechen.

Diese Energie geht wieder auf die andere Ebene, und kommt dann wieder zurück. Ihr kommt nie raus aus „diesem Wasserfall." Ihr bekommt alles immer widergespiegelt."

Die Materie ist unten in der Doppelpyramide und die geistige Ebene ist oben in der Doppelpyramide, denn ihr könnt es vom Größten bis ins Kleinste so einteilen. Wie im Großen – so im Kleinen, habt ihr bestimmt schon gehört, das ist es. Die Materielle Ebene der Erde ist unten in der Doppelpyramide und die Geistige Ebene der Erde ist in der oberen Hälfte. Und wenn ihr alle – mehr Licht in die materielle Eben hineinbringt, nur aus euren Herzen heraus, diese Energie – also das was ihr fühlt, was ihr euch vorstellt – umso höher wird die andere Ebene schwingen. Egal, was jetzt kommt, alles was euch gut tut, was ihr euch wünscht, was für euch richtig ist – von der Seele, aus dem Herzen heraus richtig ist, wenn du merkst es ist gut, und es geht um ein gegenseitiges Miteinander – von der Energie her – das man sich gegenseitig gut tut und sich gegenseitig hilft, ist es richtig.

Denn das kommt auch wieder zurück. Denn, wenn viele Menschen das aussenden, kommt diese Energie auch wieder zu vielen Menschen zurück und die Erde kommt schön langsam dorthin, wo die geistige Welt euch eigentlich hinbringen möchte. Aber je mehr Materie im Un-Licht ist, und wir Un – Licht aussenden, umso mehr kommt es zu euch zurück – es kann nicht ins Licht umgewandelt werden – denn der Mensch muss das bewusst tun auf der Erde, und jeder Mensch darf bewusst bei sich sein, dass das, was er jetzt seinem Gegenüber – Familie, Freunde, tägliches Leben - aussendet, etwas Gutes ist, damit auch was Gutes zurückkommen kann.

Die Materielle Ebene ist unten, die Geistige Ebene ist oben, und trotzdem, bin ich Achachiel neben dir. Alle Verstorbenen sind neben euch, eine Zeit lang. Diejenigen, die schon in eine andere Ebene aufgestiegen sind, die dürfen auch weiter gehen, die sind irgendwann dann weg, weil sie nicht mehr da sein müssen. Aber all jene, die im „Jenseits" sind, die sind auf eurer Parallelebene der Erde, das heißt, sie sind noch lange da, um mit euch da zu sein.

Wenn die Wesenheit auf der geistigen Ebene ist, dann darf sie genauso noch lernen, also sie muss genauso zusehen, dass sie in der lichtvollen Energie bleibt, damit sie nicht wieder das „Dunkle" zurückbekommt. Also, es ist immer ein Austausch zwischen hell und dunkel im Myon – Neutrino. Es ist wie eine Eieruhr, die dreht man immer um, und er Austausch ist immer da. Eine Eieruhr - ist nicht umsonst auf dieser Erde.

Das wollte ich dir dazu sagen, und das die Zeit jetzt so ist, wenn es jetzt zu einem Stillstand auf der materiellen Ebene kommt, dann ist es auf der geistigen Ebene auch still, und auf der materiellen Ebene können sich die Menschen und die Tiere erholen, speziell die Erde darf sich jetzt erholen. Und das ist jetzt wichtig, und es ist auch wichtig, dass dies so bleibt. Wenn ihr Menschen wieder gleich weiter macht, wie vorher – es darf nicht mehr zu viel werden, es muss ein Wandel stattfinden. Wenn auf der Erde eine lichtvolle Energie ist, dort lichtvolle, fröhliche und glückliche Menschen, dann geht dies auf die Geistige Ebene und nur dann – kann ein Wechsel stattfinden. Im Moment kann noch kein Wechsel von uns vollzogen werden, da wir noch zu viel Materie auf der Erde haben. Wenn du diese Myon – Neutrinos her nimmst, mit den verschiedenen Verbindungen nach oben, dann weißt du ganz genau, worum es geht.

Geistige Ebene

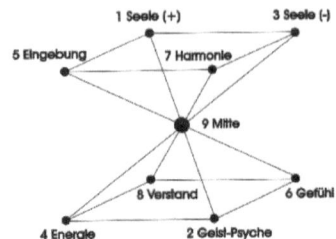

Materielle Ebene

Du kennst dich aus, Elisabeth, und so kannst du es auch in Zukunft den Menschen erklären, die es von dir wissen wollen. Es ist wichtig, dass die Menschheit jetzt anfängt, das Gesetz der Resonanz wirklich zu verstehen.

Ich liebe dich aus ganzem Herzen.

16. 3. 2020

HERZQUELL

Immer wenn du meinst, du schaffst es nicht –

Leuchtet in deinem Herzen schon ein helles Licht.

Sieh dir an das Leben in und um dich,

es ist dein Sein im Hier und im Jetzt

und ein Spiegel für sich.

Was möchtest du in Zukunft sehen?

Geh in dein Inneres und bringe es ins Leben.

Du bist dein Schöpfer, du bist dein Herr,

alles um dich ist Veränderung, so bringe

die Liebe zu dir her.

Heile dein Sein, heile dein Wirken -

Sieh das helle Licht und deine Stärken.

Elisa©

09.04.2020

WIR MENSCHEN, DAS JETZIGE SEIN UND DIE ERDE

Nun möchte ich dir Neuigkeiten aus dem Universum sagen, Neuigkeiten vom Schöpfer und Neuigkeiten des ganzen Seins. Es hat sich in den letzten Tagen viel universell abgespielt.

Die Universen kommen zur Ruhe – es kehrt Frieden ein. Es ist bis jetzt sehr turbulent zugegangen. Auch in den anderen Universen und in diesem Universum gibt es sehr viele Planeten mit Lebewesen drauf, wo einfach nicht Einigkeit herrscht.

So wie ihr hier auf der Erde keine Einigkeit habt, so ist es auch in den Universen, und wenn die anderen Universen und euer Universum zur Ruhe kommen, dann glaube mir – liebe Elisabeth – dann wird auch die Erde in die Ruhe kommen. Das heißt, die Erde wird sich beruhigen, die Menschen werden sich beruhigen, es wird Frieden einkehren. Es lösen sich diese Macht – Politischen – Stagnationen auf, und das Einwirken von Menschen auf Menschen durch Ausüben von Macht und Gebärden, das wird nicht mehr sein. Der Mensch wird sich selbst leben.

Und NEIN; Es wird nicht erst in ein paar hundert Jahren sein, denn es ist jetzt bald diese Zeit da, die Menschen fangen schon lange an sich zu verändern. Du wirst es merken, durch diese Quarantäne von kommt der Mensch mehr zu sich, und er wird plötzlich wissen – OK – das will ich nicht mehr. Ich möchte mein Leben nicht mehr so, und ich werde sehen, dass ich eine andere Lösung finde, um nicht mehr so der „Gehetzte" zu sein.

Und wenn die Menschen nicht mehr so die „Gehetzten sind – du kannst es jetzt im Außen in der Natur schön beobachten – die Natur ist ruhig, das Wasser ist klar, die Luft ist wunderbar, es ist warm und heißes Wetter und der Himmel ist so blau – und dies spiegelt sich dann im Menschen wider. Im Außen, wie im Inneren. Ihr bekommt alle mehr Klarheit, die Menschen bekommen Klarheit, die Menschen bekommen Würde, die Menschen Wissen, wer sie selbst sind. Sie kommen zu SICH, sie fühlen sich WOHL, und sie wollen noch mehr WOHLBEFINDEN. Und dahin richten sie sich aus. Die Menschen wollen LIEBE, wollen FRIEDEN und GLÜCKSELIGKEIT.

Und sie werden dorthin gehen. Je mehr der Mensch in die Liebe und in den Frieden geht, umso weniger wird im außen herum die andere Ebene noch Macht ausüben können. Es wird sich mit der finanziellen Situation der Menschen einiges verändern. Es ist einfach OK so wie es ist, liebe Elisabeth, und ihr macht dort weiter, wo ihr aufgehört habt. Es dauert jetzt noch eine Weile, und dann ist dieser „Spuk" endlich vorbei. Denn es wird sich alles beruhigen und vor allen Dingen – es wird sich klären. Es wird wirklich der Menschheit – den Bewohnern der Erde – KLAR – und wirklich über Medien Klarheit verschafft. Ihr bekommt Klarheit um was es wirklich gegangen ist in der Zeit des „Lock Down", und ihr werdet erstaunt sein, ihr werdet zuhören und ihr werdet es zeitenweise nicht fassen können, was hier passiert und passiert ist. Jedoch es wird nur zu eurem Wohle passieren.

Die Flugzeuge, so wie sie vorher geflogen sind – das wird es nicht mehr geben. Es wird ein politisches Umdenken massiv stattfinden, von einem Tag auf den anderen Tag wird sich alles umdrehen. Politiker verschwinden und es kommt eine neue Gesetzesreform in der Weise, dass man für den Menschen nur das GUTE möchte. Für die Bewohner von Europa, Amerika, der Welt – dass jeder Mensch ein Auskommen hat. Ein neues Zahlungsmittel wird wieder Geld sein, der Euro verschwindet, es wird eine Währung sein mit einem kurzen Namen, aber sie wird weltweit eingesetzt werden können. Das heißt, dieses Geld ist in jedem Land auf der Welt - gleich viel

WERT- der GLEICH – WERT – DIE GLEICH – HEIT.

Jeder Mensch ist gleich, und auch mit dieser Währung wird alles gleich viel Wert bekommen.

Das Werte System wird sich von Grund auf verändern, ihr werdet in einem Ausgleich leben, den ihr euch jetzt noch nicht vorstellen könnt, aber es wird sehr schnell von statten gehen. Wann, das spielt keine Rolle, dann wird alles in einem anderen Rad sich drehen. So wie die Natur jetzt gereinigt und regeneriert hat, so wird das jetzt auch auf der materiellen Ebene regeneriert und bereinigt.

Ja sogar auch in eurem SEIN – in eurem Körper wird alles regeneriert und bereinigt.

Freut euch, es ist LIEBE, die auf euch zukommt. Es ist die Liebe aus dem tiefsten Innern eines Jeden –

ES IST DIE LIEBE DES SCHÖPFERS!

Der Schöpfer hat einst nur Liebe ausgesendet, der Mensch hat diese Liebe nicht verstanden. Aber jetzt, in dieser Zeit, kommt es wieder in die Gleichheit.

GLEICH – HEIT heißt: Jeder Mensch ist gleich viel wert. Es gibt kein – du bist mehr wert, du bist weniger wert – IHR Menschen seid alle gleich viel wert. Schon sehr bald ist das Ganze vollzogen, und ihr werdet aus dem Staunen nicht mehr heraus kommen, ihr werdet es natürlich befürworten, ihr werdet glücklich sein, ihr werdet Liebe aussenden, ihr werdet ein finanzielles Auskommen haben, ihr werdet in der Fülle leben und es wird alles regional bewirtschaftet. Man wird nicht mehr Lebensmittel aus dem Ausland holen, bestimmte Lebensmittel werden schon geholt, aber nicht mehr alles. So wird vor allen Dingen in der heimischen Gegend produziert, denn ihr habt alles, was ihr hier bei euch herstellen könnt. Was man nicht herstellen kann, wird eben an einem anderen Standort gemacht, aber es wird nicht mehr so weit durch die Lande gefahren, viele Transporte mit Flugzeugen oder Schiffen – das wird es nicht mehr geben. Die Meere – das Wasser – werden sich noch mehr regenerieren, noch sauberer werden, und der Himmel wird auch sauber und rein bleiben.

Lieber LeserIn, es gibt viel mehr Energien, wie du überhaupt weißt, es gibt so einfache Dinge, die man mit einfachen Handgriffen tun kann, und sich dabei selbst Energie erzeugen kann – ohne viel Aufwand – ohne viel Geld.

Du wirst es erfahren – und ihr werdet es Alle erfahren. Jedem Menschen steht alles gleich zu – und jeder Mensch kann alles gleich benützen. Der Mensch darf die geistige Reife dazu bekommen, und diese wird er jetzt in der nächsten Zeit bekommen. Es findet eine ERLEUCHTUNG statt, auf einer höheren Ebene, auf einer höheren Schwingung wird jedem einzelnen Menschen die geistige Ebene erweitert. Ja, ihr Menschen werdet höher schwingen anfangen, jeder einzelne Mensch, egal, er wird plötzlich ein anderes Denken haben, auch wenn er jetzt noch nichts anfangen kann damit, aber es wird so quasi – über Nacht – passieren. Und ihr alle fühlt das so – als ob ihr eine Erleuchtung hättet. Es wird eine wunderschöne Zeit werden für euch und ab diesem Zeitpunkt gibt es nur mehr SCHÖNE ZEITEN. Freue dich Elisabeth – die Zeit ist jetzt da – es wird sich jetzt verändern.

Es dauert nicht mehr lange, und dann ist alles ANDERS.

23.04.2020

Liebste Elisabeth, ja ihr habt es geschafft. Die Zeit ist vorbei!

Die Zeit der Not, der Stille, der Einkehr, der Angst, der Furcht, der Lebensangst, ja, die ist vorbei.

Aber wachet, wachet und sehet, nehmt nicht alles für „bare Münze".

Seid auf der Hut, seid wachsam – geht vorsichtig damit um – MIT ALLEN INFORMATIONEN.

Alles was der Freude und der Liebe und dem Herzen des Menschen dient, das ist richtig.

Alles andere, nehmt es nicht für „bare Münze." Die Ablenkung ist wieder gegeben, sie ist wieder da, aber es dauert nicht mehr lange, dann kommt die wirkliche Freiheit – die wirkliche Befreiung. Ihr werdet es sehen, das Schlimmste habt ihr Menschen überstanden, die Erde konnte sich regenerieren, und das Leben geht weiter; nur ihr alle – habt ein anderes Bewusstsein.

Deine Tränen der Rührung, die heute für dich sehr befreiend waren, und immer noch sind – die sind echt, die sind wahr. Ja, es ist eine Befreiung für viele Menschen, viele alte Menschen werden weinen, viele Menschen zu Hause werden weinen, denn diese Angst und Panik, die unter den Menschen verbreitet worden ist, dies hat sich in

Mark und Pein geschlichen und jetzt – wird es los – gelassen.

Ein großes Seufzen der Erleichterung wird in den nächsten Wochen weltweit stattfinden, ein großes seufzen in allen Menschen, vor allen Dingen, weil es die größte Lüge in der Menschheit war, die es jemals gegeben hat.

Es war die allergrößte Lüge, die den Menschen psychisch wirklich an ihr Limit gebracht hat, geistig – seelisch war dies eine grausame Erfahrung – da diese körperlichen Einschränkungen gegenüber anderen Personen dermaßen bedrückend waren für die Menschen, für den menschlichen Körper, dass sie alleine aus diesem Grund wenig bis keine Lebensfreude mehr hatten.

Ab heute, ab diesem Tag beginnt die Freiheit, niemand wird mehr dem Menschen so an der psychischen Existenz nagen. Diese Produktion von Angst und Schwermut und Furcht, die jetzt in den letzten Wochen produziert worden ist, weltweit, wird jetzt beendet. Viele Politiker, die hinter dem Lock Down gestanden sind, ja diese werden sich verantworten müssen, für das, was sie dem Menschen hier weltweit angetan haben.

Lieber LeserIn, es kommt und wirkt das Gesetz der Resonanz. Die Schöpfung hat es so bedacht – es ist im Lebensplan drinnen, jeder bekommt das, was ER ausgesendet hat. Menschen, die für Liebe, Frieden und Freiheit sind, werden an die Spitze kommen, werden den Menschen als Gleich – Heit betrachten, ja, das wird in den nächsten Monaten geschehen, und die Erde wird sich wandeln. Nur so wird sich jetzt die Erde wandeln, denn so wie es bei dir heute einen „Aufschrei" von Erleichterung gegeben hat, so wird es bei vielen Menschen auf der ganzen Erde sein. Und ihr Menschen werdet ab heute achtsamer mit Euch und Eurem Leben umgehen. Achtsamer mit der Erde, achtsamer mit den Tieren, und achtsamer mit allem was ist.

Und diese neuen Technologien wie 5G und vieles mehr – dies alles wird sich verändern. Es wird sich nicht durchsetzen, das wird sich nicht spielen in den Köpfen der materiellen Industrie, denn dafür ist jetzt schon gesorgt, dass es sich nicht verbreiten kann. Diese 5G Anlagen, die schon am Laufen sind, die werden wieder deaktiviert.

Liebe Menschen, es ist alles Vorhanden und die Liebe ist auf den Weg zu euch.

12.05.2020

Das Thema, was euch alle hier auf Erden betrifft, jetzt in dieser Zeit vom „Kasperltheater", ist eigentlich kein Thema. Es ist eine Notwendigkeit – eine Notwendigkeit für die Rechtschaffenheit der Menschen, für das Erwachen eines jeden Einzelnen. Ver – Urteilt nicht und seid euch gewiss, alle jene, die den Lock Down eingeleitet haben, fast alle – viele von ihnen – wussten nicht, was sie taten. Es ging um den Schutz der Bevölkerung, es ging um den Schutz der Alten – sie haben es wirklich geglaubt. Die Menschen, die diese Gesetze eingeleitet haben, sie waren sich als Mensch sicher, dass sie das Richtige tun.

Hätten sie es nicht getan, und es wäre wirklich zu einer schrecklichen Pandemie gekommen, es wusste vorher niemand, wie es weiter gehen wird, denn dann hätten diese Verantwortlichen auch da falsch gehandelt. Also verurteilt sie nicht, sondern schickt ihnen Frieden und Liebe und seid auf der Hut, dass diese Menschen, die jetzt regieren, ab jetzt die richtigen Gesetze für euch Menschen entscheiden.

Das nach den richtigen Gesetzen für die Menschen getrachtet wird – für das Wohl der Menschen, für die Liebe der Menschen und für die Freiheit der Menschen. Die letzten Monate, die ihr alle durchlebt habt, waren für euch, jeden Einzelnen, notwendig, dass ihr euer Bewusstsein erhöht habt. Viele von euch sind „WACH" geworden, das Bewusstsein ist höher geworden, und plötzlich merkten die Menschen, da kann etwas nicht stimmen.

Viele sind noch in der Angst, viele sind aus Angst – Krank – geworden. Diese Menschen haben jetzt Probleme mit dem eigenen Körper, die müssen sehen, dass sie wieder gesund werden. Aber viele, die sich nicht darum gekümmert haben und sich NICHT nach den Medien gerichtet haben, sind doch ER – WACHT. Und das war notwendig.

Die Wichtigkeit dieses Ganzen war in erster Linie notwendig für die Reinigung der Erde und Atmosphäre. Die Erde hat sich in dieser Zeit sehr gut reinigen können, die Pflanzen haben eine neue Qualität bekommen. Denn all diese Pflanzen – eure Pflanzen, die ihr jetzt in Zukunft essen werdet, sind von einer hohen spirituellen Liebe gesegnet, die euch Freude bringen, die dem Körper Kraft bringen und die den Körper gesund werden lassen. Dieser Lock Down war notwendig für die Erde, er war notwendig für die Ernährung der Menschheit, und er war notwendig für die Reinheit der Atmosphäre.

Ja – es wird auch von „höherer" Stelle ständig beobachtet, wie der Flugverkehr wieder in Gang gesetzt wird, vorsichtig werden einige Flugzeuge wieder fliegen, aber es werden viele Flugunternehmen nicht mehr fliegen können. Das ist gut so.

Es ist von „Höherer Stelle" (Geistigen Ebene) so gewollt, dass die Flugobjekte mit der herkömmlichen Antriebskraft (Cerosin) nicht mehr die Erde verunreinigen können.

Auf einer anderen Ebene wird schon daran gearbeitet, dass alternative Motoren produziert werden, damit die Menschen belastungsfrei für die Klarheit und Reinheit der Atmosphäre wieder fliegen können mit Motoren und einer Antriebskraft, die ihr jetzt so gar nicht erahnen könnt.

Es ist eine Leichtigkeit, diese Motoren zu fertigen, und es gibt viele „besondere" Menschen weltweit, die das schon fertigen und die das auch schon anwenden. Genau diese Menschen werden jetzt an die Öffentlichkeit treten, und werden diese Antriebsmöglichkeiten unter die Menschen bringen. Es ist eine schöne Zeit, die auf dich und auf euch alle zukommt, es ist eine Zeit der Liebe, eine Zeit der Freude und eine Zeit des Miteinander.

Die Menschen – tausende – hunderttausende – sind erwacht, und genau in diesem Erwachen wird euer Leben der Weg in die Freiheit sein. Viele, viele Menschen – das Volk – will Frieden, sie leben in Frieden, sie leben im Miteinander, und es wird sich das Blatt wenden.

Auch diese Politiker – diese Menschen – die jetzt erkannt haben – dass ihr Handeln nicht richtig war, die werden den Weg der Menschen gehen, den Weg des Volkes gehen. Sie werden alles in eine richtige Richtung lenken, und die Parteien und die Politik und diese Menschen, die für das Volk da sein sollten, die werden in Zukunft für das Volk – **für die Menschen** – regieren.

Die Wende ist da, das Blatt hat sich gewendet, die Atmosphäre zwischen Macht und Liebe ist gekippt, die Liebe hat gesiegt.

Die Liebe siegt deshalb, es gibt viele, viele Menschen auf der Erde, die in Verbindung sind mit dem eigenen Selbst, und die viel Liebe, Leichtigkeit und Frieden aussenden. Und damit ist das Kollektiv DER LIEBE in der Atmosphäre größer geworden.

Das Kollektiv von

LIEBE

LEICHTIGKEIT

FRIEDEN

Und vor allen Dingen das Kollektiv vom

HIMMEL AUF ERDEN

Ihr alle, ihr Wesenheiten von Menschen, ihr alle schafft den Himmel auf Erden wenn ihr weiter bei Euch und eurem Sein bleibt. Wenn ihr weiter in eurem Sein lebt, dann wird das Kollektiv der Liebe so groß, dass eines Tages der Himmel auf Erden für euch Menschen ist.

Der Himmel auf Erden heißt:

Frieden, Liebe, Allmächtigkeit überall, Freude, Glückseligkeit unter allen Menschen, viel und genug wundervolle und kraftvolle Nahrung wird für jeden vorhanden sein.

Ja, die Macht der Mächtigen hat dann keinen Einfluss mehr. Das verschwindet – das Dunkle ist gewandelt – und das Helle und die Liebe der Schöpfung hat Einzug gehalten.

Ich liebe dich

Ich danke dir

Freue dich – es ist ein Neues Sein

Namaste

24.5.2020

WAS BRAUCHEN WIR – DU UND ICH – UM GLÜCKLICH ZU SEIN

Die Liebe ist das Lebendigste und Aufrichtigste und Wunderbarste im menschlichen Zyklus und im menschlichen Leben. Menschen, die zufrieden sind und wahre Liebe in sich fühlen, wissen, dass die wahre Liebe einzig und allein nur in ihnen selbst wohnt, in der Ruhe und in der Freude. Menschen die mit Demut wissen, dass das ICH in IHNEN das Großartigste und Wunderbarste im Leben ist, wenn man es in sich aufnehmen darf.

Um wirklich glücklich zu sein - für jeden einzelnen ist es die Gabe, im Hier und im Jetzt sofort in eine Ausgeglichenheit und in einen Frieden zu kommen, und zu wissen, dass WAHRE LIEBE nur IN MIR SELBST ist. Wenn ich zu mir selbst komme, dann darf ich mit meiner Herzenskraft, mit meiner Ureigensten Seelenkraft in Verbindung treten, und in dem Moment, weiß ich als Mensch sofort, was ich jetzt als menschliche Wesenheit brauche. Wenn ich mich jetzt auf diese Energie und auf diese Schwingung einlasse, ich spreche jetzt absichtlich in der ICH FORM, damit du, lieber LeserIn, in dich hineinfühlen kannst, was es bedeutet, wahre Liebe in sich selbst zu spüren. Wahre Liebe, die immer schon da ist, und wahre Liebe, die jeder Mensch für sich greifbar machen darf und kann. Wenn er zu sich selbst kommt, wenn er den Kontakt mit seiner eigenen Seele, mit seiner eigenen Wesenheit sucht, dann weiß er ganz genau, was er (Mensch) in dem Moment braucht, und dann kann er auch die kosmische Lebensenergie, diese kosmische Liebesenergie, sofort „anzapfen" und daraus aus dem Vollen schöpfen.

Jeder Mensch, absolut JEDER, ist dessen mächtig, dies zu tun, und du – lieber LeserIn, du wirst es wissen, wenn du soweit bist und wenn du in diese Energie hinein – fließt. Wenn diese kosmische Energie in DICH hineinfließt und DU IN SIE. Du wirst wissen, wann die Verschmelzung zustande kommt, und du wirst es spüren. Es ist eine Leichtigkeit, es ist eine allumfassende Liebe die dich ummantelt wie ein zarter Hauch, der dich einhüllt, und du weißt in dem Moment, es ist so ein wunderbares Gefühl – ein Gefühl der Geborgenheit, der Allmächtigkeit, der Herzensliebe und der Lebensfreude.

Dieses Gefühl, wenn du es einmal wahr nimmst, einmal merkst, was es bedeutet, die wahre Liebe in sich selbst zu spüren, ohne dass du irgendetwas von außen benötigst, weder eine Anerkennung oder Lob, weder Menschen oder Partner, die dir Zuspruch geben – sondern nur DU da bist für dich alleine, und diese kosmische Liebe, diese Allumfassende Liebe, diese Herzensliebe – diese Liebe, die der Schöpfer Gott jeden einzelnen Menschen hier auf der Erde absolut wertungsfrei und un – ent – geldlich zur Verfügung stellt, ohne irgendetwas dafür zu verlangen – sondern nur zu geben. Und genau diese Liebe sollst du – lieber Leser – lieber Mensch – jetzt erfahren und merken, was es bedeutet aus dem großen Ganzen zu schöpfen und die Allumfassendheit aus dem Vollen zu spüren. Zu spüren, wie das eigene Herz mit Liebesenergie – Lebensenergie eingehüllt wird, und in dem Moment ein absolutes Sein von Frieden und Ruhe – ich würde sagen – es ist wie das - Nirwana – stattfindet. Anfangs wirst du es nicht so lange spüren, aber wenn du es ständig immer wieder in deiner Meditation versuchst anzustreben, dann wird es dir immer länger und besser gelingen, dieses SEIN anzuhalten. Zu irgendeiner Zeit wirst du dann merken, dass du dieses Liebesgefühl in dir selbst, dieses Seelengefühl, dieses Friedensgefühl, dieses unglaublich – absolut göttliche Liebes GEFÜHL immer wieder zurückholen möchtest. Du möchtest es keinen Tag missen. Du wirst auch merken, dass diese Ruhe der Meditation benötigt wird, damit du dieses Liebes – Gefühl erfahren kannst. Und je öfter du übst, je öfter du in dieses Gefühl kommst, umso schöner wird deine Aura, und umso wunderbarer wirst du dich als Mensch fühlen. Du kannst damit für die Erde und für die Menschheit allgemein so viel tun, wenn du alleine immer wieder mit der kosmischen Schöpfung und der kosmischen Liebe verbunden bist, und diese Liebe einfließen lässt in dich und deinen Körper, und du merkst, dass es dir dabei wunderbar geht.

Ich gebe dir jetzt eine kleine Anleitung, um diese kosmische Liebe zu spüren. Es braucht nicht viel, nur es bedarf an Übung. Versuche jeden Tag am Morgen und am Abend – wenn es am Morgen nicht geht, dann wenigstens am Abend – dir eine halbe Stunde Zeit zu nehmen.

Du setzt dich hin, wie du dich hinsetzt – einfach so, dass es für dich bequem ist – viele setzen sich in den

Meditationssitz, damit die Energie optimal fließen kann, manche legen sich hin, jedoch am besten ist, dass deine Wirbelsäule gerade und aufrecht ist, auf einem Stuhl oder im Yoga Sitz. Schließe deine Augen um dich mit dem Göttlichen zu verbinden und ganz wichtig – Lächle. Setze bewusst ein schönes Lächeln auf, denn beim Lächeln werden alle Gesichtsmuskeln und auch Körpermuskeln involviert, und dabei werden jene Hormone ausgeschüttet, die für ein glückliches, gesundes Leben zuständig sind.

Ein Spruch, den ich dir jetzt als Elisabeth persönlich raten darf, als Einleitung:

„Ich bitte, mich jetzt in die Kristallpyramide zu setzen, in der Pyramide 1.Drittel - Oberkannte – Mitte und zugleich auch in die Kristallspirale. Ich bitte mich trotzdem zu erden mit violetten Violen damit die Verbindung von unten nach oben gegeben ist, und ich in den Ruhezustand kommen darf.“

Es müssen nicht unbedingt violette Violen sein, die Farbe, die für dich in diesem Moment richtig ist, die wählst du intuitiv. Wenn es gelb ist, dann sind die Violen gelb, und wenn sie grün sind, dann sind sie grün. Die Farbe, die du in dem Moment für dich benötigst, die wird dich erreichen. Jeder hat eine andere Farbe notwendig, und für jeden einzelnen ist eine Farbe in dem Moment richtig, die er für sich sieht oder hört oder wahrnimmt. Es kann auch jeden Tag eine andere Farbe sein, die du wahrnimmst, höre auf dich und dein Inneres, es spricht mit dir. Verlass dich einfach auf deine Intuition.

Du bleibst dann einfach ruhig, und versuchst an nichts zu denken. Höre auf dein Atmen, nimm den Atem wahr – ein – aus – die Gedanken kommen und gehen. Es wird dir vieles durch den Kopf gehen, aber versuche einfach an nichts zu denken und konzentriere dich auf deine Atmung. Spüre in dich hinein, wie die Atmung ganz von alleine aus und ein geht und lächle. Höre einfach mal hin und schau wie die Atmung aus – ein – geht. Langsam aus – ein. Es ist gut, wenn du dich auf die Atmung konzentrierst und tief in dein Inneres einatmest und wieder ausatmest. Um richtig viel Sauerstoff in den Körper zu bringen, kannst du mit dem Mund ein- und ausatmen, oder mit der Nase ein- aus, oder auch mit dem Mund ausatmen. Wie es für dich am besten ist, geh nach deinem Gefühl. Geh nach deinem Herzensgefühl, wie du atmen möchtest und versuche lange aus- und einzuatmen. Je länger du die Atmung beim ausatmen anhältst, umso besser. Je länger du die Atmung dann nach dem einatmen anhalten kannst, umso besser ist es und umso mehr Sauerstoff kommt in deine Zellen. Und in dem du dich auf deine Atmung konzentrierst, wirst du immer ruhiger und gelassener und es geht dir einfach gut. Versuche dabei an nichts zu denken, es kommen so oder so Gedanken, lass sie einfach gehen. Lass sie gehen, denn es ist egal. Und wenn du einmal nicht abschalten kannst, es macht nichts, lass einfach die Gedanken gehen, und mache diese Übung so lange es für dich bequem ist und richtig ist.

Wenn du merkst, dass du aus der ganzen Energie rauskommst, dann geh raus und du bist dann wieder in deinem normalen Alltags -Zustand. Du *sollst diese Übungen nur machen, wenn es dir guttut und es dir die notwendige Ruhe und Frieden bringt.*

Mit regelmäßigem Tun, wirst du spüren, dass dein Körper schon darauf eingestellt ist, und diese halbe Stunde ein Muss für dich und deinen Körper ist. Dein Körper braucht es, deine Seele braucht dies, dein Herz braucht es. In dem Moment, wo du in deiner Meditation bist und diese göttliche Schwingungsenergie spüren darfst, wirst du mit der Zeit, nach fleißigem Üben, in einen wunderbaren Zustand kommen - das ist die göttliche Ausgeglichenheit und der Frieden, die Allumfassendheit – die Einheit mit allem was ist. (Dies braucht ein bisschen länger, aber durch diese Übung wirst du merken, das ist die Liebe).

Wenn du wieder aus der Meditation herausgehst, bittest du in einem Ritual, dich wieder aus der Pyramide herauszuholen und dich wieder mit farbigen Violen zu erden. Damit du wieder in deinem Alltagzustand fest verankert mit der Erde und mit dir selbst bist.

Elisabeth hat es schön beschrieben und sie übt dies auch schon einige Jahre, ich kann dir nur sagen, fang damit an, diesen Meditationszustand jeden Tag zu üben, tagtäglich – denn es kommt die Zeit, wo du das nicht mehr missen möchtest. Es ist sehr wichtig für dich und dein Leben, damit du einmal oder zweimal am Tag wirklich für dich die Zeit nimmst, viertel Stunde, halbe Stunde oder Stunde, je nachdem wie gut es dir und deinem Körper tut und wie deine Seele es braucht.

Mache es, tue es und du wirst sehen, die Liebe des Schöpfers ist unendlich. Und hast du sie einmal über deinen Körper wahrgenommen, hast du sie einmal gespürt, wirst du merken, dass dies, das absolute Glück in dir selbst ist.

Wir alle sollen das Glück und die Zufriedenheit nicht im Außen suchen, sondern alles Glück auf dieser Erde und die Zufriedenheit, die können wir nur in uns selbst finden.

Je mehr Menschen meditieren und darauf achten, dass sie im Ausgleich sind, umso ruhiger und friedlicher wird die Erde und umso höher wird die Schwingung und umso mehr wird sich der Frieden auf der Erde einstellen.

Frieden – Liebe und Glück, ihr Menschen habt es verdient glücklich zu sein, ihr Menschen habt es verdient den Frieden zu leben und ihr Menschen habt es verdient, die Liebe Gottes in euch jeden Tag wahrzunehmen und aufrichtig zu spüren.

Ich liebe euch und ich danke euch.

01.06.2020

Lieber LeserIn, dies sind jetzt Worte aus meinem Verstand heraus, aus meinem täglichen Sein und so wie ich das Rundherum wahrnehme. Bitte verzeiht mir manch harte Worte, aber ich habe gelernt, Worte auszusprechen – denn dann ist es getan.

Maskenpflicht, egal welche Institutionen, die letzten 14 Tage wurde sogar Maskenpflicht für die Schulkinder „durchgezogen". Da die Schule Mitte Mai wieder begonnen hatte, mussten Kindergartenkinder, Schulkinder und Jugendliche beim Schultor hinein Maske tragen. So wird auch noch jeden Tag – hundert – bis zweihundertmal – ich habe es nicht gezählt, in den Medien verkündet:

Abstand halten – Babyelefant und die ganze „Suggestion", was da seit Monaten immer wieder erzählt wird, und immer wieder wird erwähnt – die zweite Corona – Welle kommt!

Wie du siehst, wird es wirklich vorprogrammiert – in den Köpfen der Menschen – dass die nächste Krankheits – Welle kommt. Die Menschen haben Angst, sie haben Angst vor der zweiten Welle, die ja bei ihnen schon im Gehirn eingebrannt und programmiert worden ist.

DAS, WAS DU DENKST – WIRD WAHR.

Der Mensch macht sich so mit seinen eigenen Gedanken krank, denn die Zelle weiß nicht, ob es ist oder nicht ist. Du hörst und liest immer nur die neuesten Nachrichten und Meldungen, (man muss ja informiert sein, denn sonst könnte man ja krank werden, wenn man diese Dinge nicht weiß), hast diese Informationen immer im Kopf, alle Gedanken sind im Gehirn. Auch die Schwingungen dazu sind im Gehirn, und die sind nicht besonders gut. So läuft die Information vom Gehirn zu allen Zellen, die Zelle erkennt nur deine Gefühle dazu – Gut oder Nicht Gut – und über das Gefühl reagiert sie. Keine gute Information im Gehirn – keine gesunden Zellen, der Mensch wird krank – durch Manipulation über Medien und Co. welche sich im Gehirn der Menschen fest setzt.

*Die Leichtigkeit im Leben ist weg, die Menschen leben jetzt in Angst und Panik – vor der nächsten Welle – die ja schon im April wieder vorhergesagt worden ist, von den „Angstmachern". Todes – Angst und Panik wurde geschürt, ja man will die Familien räumlich und körperlich trennen, weil man ihnen **Umarmungen** „verbieten" möchte. Es ist wohl der große Reinigungsprozess, der schon lange vorausgesagt worden ist.*

Aber da du das Leben in deiner Hand (Gedanken) hast, mach dir nicht so viel daraus. Denke anders, bleibe in der Ruhe, bleibe in der Kraft und füttere dein Gehirn und deine Zellen mit schönen Informationen, mit dem Glück der gesunden Kinder und der Familie, der Herzensliebe in Dir - genieße es zu leben.

*Es wird alles Anders – Schöner – Heller – Lichtvoller – Lebens – werter. **Es kommt die Liebe auf Erden, denn wenn sie in den Köpfen der Menschen ist, dann ist sie auch auf der Erde. Ich liebe euch!***

Umarmungen werden stark unterschätzt. Vor allem Umarmungen, die so fest sind, dass du den Herzschlag der anderen Person fühlen kannst und sich alles für einen Moment so ruhig und sicher anfühlt, als ob dich nichts und niemand verletzen könnte.

EIN KURZES STATEMENT ZU UMARMUNGEN:

Jetzt wissenschaftlich bewiesen: Umarmungen sind heilend. Und ja, wir wussten das auch schon ohne Statistische Experimente.

Warum? Weil wir fühlen!

Die durchschnittliche Länge einer Umarmung zwischen zwei Menschen ist 3 Sekunden. Doch die Forscher haben etwas Tolles entdeckt. Wenn eine Umarmung 20 Sekunden dauert, gibt es eine therapeutische Wirkung auf Körper und Geist.

Der Grund ist, dass eine aufrichtige Umarmung ein Hormon produziert Namens „Oxytocin", das auch als Liebeshormon bekannt ist. Diese Substanz hat viele Vorteile auf unsere körperliche und geistige Gesundheit, hilft uns unter anderem, sich zu entspannen, sich sicher zu fühlen und unsere Ängste zu beruhigen.

Jedes Mal, wenn wir eine Person in die Arme nehmen, beruhigt dies uns als würden wir als Kind kostenlos gewiegt werden.

So schätzen wir einen Hund oder eine Katze - auch wenn wir mit unserm Partner tanzen - je näher wir jemandem kommen - oder einfach nur uns an den Schultern eines guten Freundes festhalten

Manchmal braucht man

einfach nur eine Umarmung

02.06.2020

Liebe Elisabeth, ich weiß, dass es jetzt für euch Menschen sehr beschwerlich ist. Aber, die Zeit musste einmal kommen. Jetzt ist sie da. Es ist ganz wichtig, dass ihr diese Stationen durchläuft, denn eure Seele ruft danach. Für eure Seele ist es wichtig, dass diese „Umstrukturierung" stattfindet. Denn dein Körper, deine Seele hat alle die Energien, und es wird jetzt alles gereinigt. In dem Sinn, dass alles alte los ge - lassen wird. Es kann noch einmal zum Vorschein kommen, es kann nochmal hervorbrechen, aber dann wird es losgelassen und es ist weg.

Wenn ihr Menschen in die 5.Dimension wollt, dann müsst ihr euch darüber bewusst werden, dass das Alte – so wie ihr es kennt – der Körper, euer Körpersystem – Arme, Beine, Kopf, Rumpf, Gedankengut – das dies alles gereinigt wird. Das heißt, ihr geht in eine neue Dimension, auch die Erde geht mit euch mit.

Die Erde wird sich neu entfalten, ihr werdet euch neu entfalten, und nach dieser neuen Ent – Falt– ung (Falter – Schmetterling – die Raupe wird ein Schmetterling), seid ihr viel bewusster.

Ihr geht mit dem gleichen Körper weiter, aber dieser Körper muss mit den Energien mit. Er darf mit den Energien mitschwingen, und das ist jetzt diese Umwandlungsphase. Diese dauert noch etwas länger an, so ca. bis Mitte des Jahres 2021, bis alles vollzogen ist. Es muss langsam von statten gehen, es kann nicht von einem

Tag auf den Anderen gehen, denn das würde der menschliche Körper nicht durchhalten.

Viele Menschen – Seelen, die dies nicht möchten, werden auch in den nächsten Jahren von der Erde weg gehen. Das heißt, sie wollen nicht mehr dableiben, und gehen aus dem Leben. Meistens sind es Menschen älterer Generationen, denn die würden mit dieser Struktur, die jetzt kommt, nicht mehr mitkommen. Ja, deshalb ist ihr Seelenplan und Lebensplan zu irgendeinem Zeitpunkt zu Ende und sie werden auf die andere Ebene wechseln. Es ist von der Geistigen Welt so vorprogrammiert – es ist von ihnen selbst so vorgesehen – dass sie wirklich aus diesem Leben weggehen, und dem natürlichen Reinigungsfluss seinen Lauf lassen.

Es ist notwendig! Viele Menschen haben jetzt körperliche Beschwerden, viele Menschen suchen Ärzte auf, ja, die Ärzte haben selbst körperliche Beschwerden - dann noch diese Zeit von „Corona". Das hat die Menschen noch mehr hinuntergedrückt und damit sind sie emotional noch labiler geworden, und es fällt ihnen noch schwerer, diese strukturierte „Umwandlung" ihres Körpers durchzuhalten. Nicht nur der Körper wird umgewandelt, sondern auch Körper – Geist und Seele. Die Seele ruft danach. Die Seele ruft nach ihrem Seelenplan, den sie vorher ausgemacht hat, bevor sie inkarniert ist, damit sie hier in diesem Leben und in diesem Körper dies als „Lebensplan" leben darf.

Es ist eine massive Energieerhöhung, es wird gründlichst gereinigt, Schritt für Schritt wird da vorgegangen. Länder für Länder, ja die Erde wird sich auch reinigen, das heißt –

Unwetter werden nicht ausbleiben, Erdbeben werden nicht ausbleiben und auch Brände werden nicht ausbleiben. Es gehört dazu, Feuer, Erde, Wasser und Luft. Winde, damit auch die Struktur der Erde gereinigt wird. Die Seele der Erde ruft genauso danach, eine neue Struktur aufzubauen, damit auch Sie selbst, in der 5. Dimension für die Menschen bereit ist, und dass die Menschen dort leben dürfen und können.

Dies geschieht alles – schon längere Zeit. Jedoch intensiv wahrgenommen, wird dies jetzt im nächsten halben Jahr bis zu einem Jahr. Freut euch über ein Neues Sein, was kommen wird, und dieses Jahr, was jetzt noch ist, habt keine Angst, denn es ist alles vorbereitet.

Die Regierungen, die Mächtigen – die Menschen, die über das Geld und die ganze Welt regieren, die werden genauso damit konfrontiert. Denn solche Machtmanipulationen kann die 5. Dimension nicht halten. Das geht nicht und es hält sich auch nicht, denn von diesen Menschen ist es ist jetzt noch das letzte „aufbäumen" solcher Seelen, aber es wird sich schnell wandeln. Es wird sich auch politisch alles wandeln, denn ein Jahr ist nicht viel. Auch ein Monat ist nicht mehr viel, und in einem Monat wird sich viel, viel tun.

Ihr werdet es wahrnehmen, ihr werdet es sehen, und ihr werdet glücklich darüber sein, dass die Wogen gebogen werden, und dass eine Welle kommt, die nur noch Liebe und Freude bringt. Und so geht es weiter über das nächste Jahr hin. Es wird zuerst Schmerz und Leid sein, und dann wird eine Welle der Freude sein. Es ist wichtig, dass ihr bei diesen Auflösungsarbeiten die alten Inkarnationen loslässt. Alte Muster von Inkarnationen, alte hängen gebliebene Muster in der Seele, loslässt. Ja, diese werden noch einmal angesehen und dann losgelassen. Ihr Menschen behält nichts zurück, denn ihr habt dann nichts mehr zum „abarbeiten!" Das fällt dann komplett weg.

Diese These vom Spiegelgesetz – dem Resonanzgesetz – es löst sich auf. Eine neue Ära bricht an, mit der 5. Dimension löst sich das auf. Jeder Mensch, der in die 5. Dimension kommt, wird merken, das braucht er nicht mehr. Denn in der 5. Dimension lebt man so bewusst, dass es keine Reflexion mehr gibt.

Sondern, Wir erschaffen bewusst das Sein im Hier und im Jetzt.

Das ist die Aufgabe des Menschen, und es kommt jetzt schneller denn je. Freut euch – es wird noch jede Menge Turbulenzen geben, aber binnen kürzester Zeit ist alles vollzogen. Natürlich spürt ihr das. Ihr Menschen spürt es im Körper, in den Knochen, ihr spürt es im Bewusst Sein und im Unterbewusstsein und ihr spürt es in der Psyche. Ja, das ist für jeden Einzelnen eine Aufgabe, aber je bewusster das der Mensch ist, umso mehr weiß er, es geht vorüber.

Gerade ihr Lichtarbeiter und du – Ihr sollt bereit sein – ihr spürt es jetzt am meisten.

Ihr sollt bereit sein für die Menschen, die wirklich dann nicht mehr aus und ein wissen, sie werden jeden einzelnen von euch finden und werden - dich brauchen. Ich sage euch, ihr habt viel Arbeit vor euch. Aber sie macht euch Freude und ihr habt es euch für diese Inkarnation so gewählt, Menschen zu helfen, die in Not sind.

Denn diese Menschen werden dich finden und sie werden dich brauchen.

Es ist die Zeit des großen Umbruchs und ihr alle Lichtarbeiter, ihr werdet alle richtig sein und mittendrin werdet ihr viel zu tun haben, um den Menschen den „Weg" zu zeigen.

Ihr wisst, warum die Zeit so ist, und ihr könnt die Menschen aufklären. Ihr könnt ihnen sagen, hab keine Angst – fürchte dich nicht, lass es einfach vorüber gehen.

Denn es geht vorüber und dann geht es den Menschen wieder besser. Die Menschen sollen einfach ruhig bleiben und Mut haben, Mut zum Weitergehen.

Es ist gut so, wie es ist. Für alle Menschen, für dich und für die Erde.

Und das, was politisch hier bei euch und in der Welt abläuft, das gehört dazu. Auch da wird man sich neu orientieren, auch da wird umstrukturiert und es geht einher mit Streit, mit versuchter Unterdrückung der Menschheit, jedoch, je höher die Schwingung wird, umso schwächer werden Machtmanipulationen.

Diese Menschen, die über die Köpfe der Menschheit hinweg versuchen, ihre Macht auszuüben – die Schöpfung hat dafür gesorgt, dass sie das zurückbekommen, was sie der Welt angetan haben. Ein ganz natürlicher Reinigungsprozess ist auch da schon im Gange.

Denn die hohe Schwingung, die jetzt kommt – verträgt kein Un-licht.

Habt keine Angst vor diesen Menschen, diese Machtstrukturen fallen genauso, wie die Menschen, die dahinterstehen.

Alles kommt zu einem glücklichen und schönen Ende, denn die Erde lässt sich nicht mehr aufhalten, der Kosmos lässt sich nicht mehr aufhalten. Auch die Seelen der Menschen lassen sich nicht mehr aufhalten, die 5. Dimension ist schon sehr nahe, und wollen die Menschen alle in der 5. Dimension leben, dann müssen sich alle auf eine turbulente Zeit einstellen.

ICH LIEBE DICH

20.06.2020

Heute ist Sommersonnenwende, und es ist ein ganz besonderer Tag. Von heute auf Morgen ist eine Sonnenfinsternis, hier auf der nördlichen Halbkugel nicht zu sehen, aber auf der südlichen Halbkugel, jedoch diese hat große Auswirkungen auf uns alle. Auf unseren Geist, auf unsere Wesenheit.

Danke, dass ich heute an diesem besonderen Tag wieder sprechen darf, es ist für mich wunderbar, dass ich hier sein darf und dass ich mit dir sprechen darf, liebe Elisabeth.

Es kommt eine wunderbare Zeit auf euch Menschen zu. Die Menschen, die Wesenheiten, sie werden erkennen, dass das Leben, dieses Leben welches sie jetzt leben, nicht ihr wahres Sein ist. Es ist eine magische Zeit. Es ist auf MAGISCH, für jeden einzelnen, für jeden Erwachsenen und für alle Kinder. Das Bewusstsein wird – wie durch einen Stöpsel, der aus einer Flasche herausschießt – geöffnet. Höheres Bewusstsein kommt in die Köpfe der Menschen. Die Sterne und die aktuelle Zeit sorgen dafür, und wir, die wir immer für euch Menschen da sind, achten darauf, dass bei euch – wie ihr es sagen würdet – ein Licht aufgeht. Es wird eine große Veränderung stattfinden – viele Menschen sind schon bereit für diesen Weg, und jene Menschen, die noch nicht bereit sind, die werden erkennen, welche wunderbare Erfahrung das jetzt für sie ist.

Menschen, die damit nicht zurechtkommen, denen wird der Weg gezeigt. Natürlich werden manche Wesenheiten hier auf der Erde – sie werden es nicht durchhalten – sie werden einen anderen Weg einschlagen. Aber es ist ganz natürlich, jedoch der Großteil der Menschheit darf in diese hohe Schwingung eintreten. Der Mensch darf diese hohe Schwingung verstehen und darf sie auch fühlen und mit dieser hohen Schwingung weiterhin die Zeit hier auf der Erde verbringen.

Liebe Menschen, ich freue mich so für euch, die Zeit ist gekommen, es ist eine neue Zeit, die Endzeit der „alten Formation" hier auf der Erde, ist zu Ende. Die „Endzeit" dauerte schon Jahrzehnte lang, und nun kann man hier auf der Erde von einer „Neuen Zeit" sprechen. Von einer Zeit der Liebe, von einer Zeit der Glückseligkeit, und von einer Zeit des göttlichen Wachstums. Die Menschen werden erkennen, wer sie wirklich sind. Wer hinter diesem Körper steckt, welche wunderbare Wesenheit in diesem Körper steckt, und was sie hier auf der Erde für eine Aufgabe haben.

Jede Menschenseele ist hier inkarniert, um einen besonderen Auftrag hier auf der Erde zu erfüllen. Deshalb sind auch so viele Menschen jetzt gerade hier auf der Erde inkarniert, und alle haben den Weg zur Erde gesucht, um bei diesem Aufstieg mit dabei zu sein. Jeder Mensch möchte mit in diese Dimension aufsteigen, und jetzt ist die Zeit gekommen, es ist die Zeit des Aufstiegs.

Es wird nicht spurlos an den Menschen vorüber gehen, und ich freue mich so für euch, dass eine komplette

Umwandlung stattfindet. Eine komplette Erneuerung und vor allen Dingen für die Erde, für die Pflanzen und für die Tiere und für die Menschen eine neue Ära beginnt. Liebe und Frieden auf der Erde, Freude und Glückseligkeit kommt unter die Menschen und unter die Tiere.

Kommunikation und das Allumfassende, die All Ein Heit, spürt jeder Mensch in sich. Die Erde wächst genauso mit dem Menschen mit und ihr werdet merken, welch wunderbare Fauna und Flora in Zukunft wächst, und auch die Kommunikation zwischen den Pflanzen und Tieren mit dir stattfinden kann.

Es wird eine neue Zeit werden und Menschen werden nicht mehr darüber hinwegsehen, wenn die Tiere zum Essen getötet werden, Menschen werden darauf achten, dass dies nicht mehr passiert. Es dauert dies natürlich noch eine gewisse Zeit das man ganz damit aufhört, Tiere zu essen, jedoch jetzt ist der Beginn für diesen Quantensprung in der Atmosphäre, im Weltenwandel – und Menschen, ihr werdet es alle sehen, die göttliche Schöpferenergie kommt mehr zum Tragen.

Jede Wesenheit Mensch, jeder von euch – trägt diesen „Christusfunken" – Schöpferkraft – in sich und sie wird jetzt wirklich ganz – ganz neu erblühen. Und ihr werdet dann spüren – wer ihr wirklich seid, wo ihr hingehört und was wirklich euer wahres Sein bedeutet. Ich freue mich so für euch, und ich kann es fast nicht mit Worten fassen – ihr werdet es einfach sehen, ihr werdet es vernehmen – spüren – wahrnehmen und in euch aufblühen sehen.

Der Schöpfergedanke wird in jedem einzelnen Menschen neu erblühen, es wird ein Funke sein – und es wird alles anders sein. Ihr werdet sehen, es ist unglaublich, was ihr in den nächsten Jahren erfahren dürft, und dies ist vom Schöpfer so gewollt.

Der Schöpfer will, dass ihr das erfährt, der Schöpfer will, dass ihr in eine neue Ära geht, und der Schöpfer will auch, dass der Mensch zu seinem Ursprung zurückkehrt. Das heißt, der Mensch wird wissen, wo seine Heimat ist. Der Mensch und die Wesenheit Mensch wird wissen, dass der Körper (nur) sein Fahrzeug ist, und dass seine wahre Heimat in seinem Herzenszentrum ist. Er wird sich jeden Tag dorthin begeben, und allein mit diesen Kurzmeditationen und Kurzgedanken wird der Mensch zentriert sein und Frieden, Liebe und Glückseligkeit wird auf der Erde mehr werden.

Es wird auch eine andere Seite geben, das heißt, Menschen, die diesen Quantensprung nicht mitmachen, die werden einen anderen Weg gehen.

Die Menschen wollen auch in Zukunft die Liebe auf der Erde leben und die Freude auf der Erde leben. Es wird kein Platz mehr sein für niedere Energien und Machtmanipulationen.

Die Menschen werden das Miteinander auf der Erde leben, es soll keine Kriege mehr geben, und es wird auch keine Kriege mehr geben.

In Zukunft werden diese Menschenseelen ein so hohes Bewusstsein in sich tragen, dass von jedem einzelnen akzeptiert und angenommen wird, dass es so ist wie es ist. Jeder Mensch wird auf der geistigen Ebene so bereit sein, dass er in sich selbst erkennt, wenn er in Disharmonie ist, sodass er sofort in einen Ausgleich geht, in die Liebe geht, und damit wieder in die Harmonie und den inneren Frieden kommt.

So ist Akzeptanz und Toleranz jedem Menschen gegenüber und es ist viel, viel mehr Gemeinsamkeit und Achtsamkeit gegeben, als jemals auf der Erde stattgefunden hat.

Die Liebe und die Freude wird in die Herzen der Menschen einkehren, jeden Tag wird die Schöpferenergie erneut über die Herzenskraft, über die Seelenkraft der Menschen einströmen.

Fortbewegungsmittel – die gibt es nicht mehr in ferner Zukunft. Sie werden von der Erdoberfläche verschwinden. Die Menschen sind fähig sich mit Telepathie kommunikativ auszutauschen, und wenn man wohin reisen möchte, so geschieht das mit Gedankenkraft und der Mensch kann sich sofort auf einen anderen Platz dorthin versetzen. Ihr würdet dazu beemen sagen, es ist so ähnlich. Dies alles wird für die Zukunft sein, denn diese Schwingung, in die der Mensch hineinwächst, macht es ihm ein Leichtes, dies alles zu leben. Binnen kürzester Zeit wird es für jeden „ganz normal" sein. Und damit werden alle Schadstoffe, die bis jetzt für die Mutter Erde schädlich waren, schön langsam von der Erde verschwinden, durch Telekinese und Telekommunikation werden auch diese Wirkstoffe, die für die Erde nicht gut

111

sind, telepathisch aufgelöst und in die einzelnen atomaren Teile zerkleinert. Es ist alles machbar, ihr werdet sehen, ihr habt überhaupt kein Problem mehr damit, ihr werdet selbst zum Leben nur noch ganz wenig benötigen.

Auch zum Essen nehmt ihr nur hundert Prozent reine Lebensmittel – Früchte – Gemüse – Obst – Essen, was für den hochschwingenden Körper dann gut ist. Ja und ihr nährt euch von viel Licht – Lichtnahrung. Es wird eine wunderbare Zeit – glaubt mir, und die Erde wächst mit - sie erfährt genauso diesen „Weltenwandel", diese neue Existenz.

Das heißt, diese Corona, es ist die Corona der Erde (Erdatmosphäre) – die um die Erde gewachsen ist. Die Erde hat eine neue Hülle bekommen, das heißt, jetzt bekommt diese Hülle auch der Mensch. Die neue Corona ist die neue erhöhte Schwingung, die bei jedem Menschen wachsen wird, sie wird schön langsam ansteigen, und in absehbarer Zeit (bei uns hier auf dieser Ebene gibt es die Zeit nicht, so wie ihr Menschen sie kennt), wird es im ganzen Kollektiv – weltweit – so sein. Alle Menschen haben eine sehr hohe Frequenz in sich schwingen, und reisen wird alles telepathisch – telekinetisch auf Gedankenkraft stattfinden. Alles passiert über den Gedanken.

Ich weiß, dass es jetzt sehr viel war in dem Moment, aber diese „Science Fiction" Filme, die ihr alle kennt, bewahrheiten sich. Denn wenn man weiß – Resonanzgesetz – alles was gedacht wird, wird materiell gelebt. All diese Informationen wurden hinausgeschickt in die kosmische Ebene – und dies wird jetzt in die Materie umgesetzt.

Es wird eine schöne Zeit – ich liebe euch und ich danke euch.

21.06.2020

Heute ist wieder ein besonderer Tag. Neumond und eine Sonnenfinsternis mit einem Feuerring herum.

Dieser heutige Tag war entscheidend für euch Menschen. Diese Entscheidung ist nicht von der Erde ausgegangen, sondern diese Entscheidung ist schon lange vorausgeplant gewesen. Der Kosmische Rat hat entschieden, dass zu diesem Zeitpunkt – am 21.06.2020 etwas ganz Besonderes mit der Erde und auf der Erde geschieht. Ihr habt es heute gemerkt – liebe Menschen – es war ein eigener Tag.

Die Wolken sind hin und her gezogen, dann hat es wieder geregnet, und irgendwie wart ihr ein bisschen ver – wirrt, und irgendwie hattet ihr doch Lust – zum Hinausgehen.

Es ist heute für euch alle ein Neu – Beginn. Ein Neu – Beginn in eine neue Zeit. Der heutige Tag, der 21.06.2020 ist ein Tag der Freude. Liebe Menschen, ihr könnt euch freuen, und ihr werdet es schon sehr bald merken, wie ihr euch fühlt. Ihr fühlt euch plötzlich wie neu geboren. Es geht euch gut, der Körper fühlt sich gut an, hat einen neuen „Schub" bekommen, ihr seid glücklich, ihr habt Unternehmungsgeist, ihr möchtet einfach was neues „starten", macht es, tut es liebe Menschen, es ist jetzt der beste Zeitpunkt dafür, der kosmische Rat hat es beschlossen, dass ab jetzt – eine Neue Zeit beginnt.

Eine neue Zeit für die Menschheit hier auf der Erde, eine neue Zeit für das Wirken der Menschen miteinander und nicht mehr gegeneinander. Ab heute wird sich ein massives Umdenken unter den Menschen hervortun, die Menschen werden merken, wenn man in Gruppen zusammengeht und wirkt, dann geht alles viel leichter als alleine. Die Menschen kommen zusammen, die Menschen treffen sich und merken, dass sie plötzlich gleiche Interessen haben und schon hat sich eine Gruppe gebildet und es kann Neues entstehen.

Es wird Neues entstehen, es wird sehr viel Neues entstehen, Für die Menschen, Tiere und die Erde. Die Erde hat sich mit umgewandelt und verändert, Frieden kehrt ein.

Frieden unter der Tierwelt, Frieden unter den Menschen und Frieden auf der Erde. Ihr alle werdet merken, der Frieden wird tiefgründig sein, allumfassend sein und es gibt nichts mehr zu tun, und es gibt nicht mehr viel zu sagen. Ihr werdet auch nicht mehr so schnell aus dem Konzept kommen, Ärger gibt es fast keinen mehr, ihr merkt einfach, ihr bleibt in eurer Ruhe und in eurer Kraft. Ihr erkennt, dass jeder Mensch ein eigenes Individuum ist, jeder hat seine eigene Denkweise und hat seine eigene Wahrheit und das wird jetzt von der Menschheit akzeptiert.

Mensch zu Menschen

Tier zu Tier

Pflanze zu Pflanze

Es ist eine großartige Zeit, eine wunderbare Zeit und freut euch, hebt die Hände, lacht – tanzt und geht hinaus, sagt es allen weiter. Die Liebe wächst in eurem Geist und in eurem Dasein und ihr verströmt nur noch Liebe.

Liebe – Glückseligkeit – ihr tragt es in eurer Aura, ihr tragt es in eurem Ausdruck, ihr tragt die Liebe schon hinaus mit eurem Sprechen und eurem Tun. Freut euch, die Zeit ist gekommen. Es ist eine

Zeiten – Wende – heute, nicht nur die Sommersonnenwende und die Sonnenfinsternis – es ist eine

Zeiten – Wende und eine

Wende in das LICHT.

Die Sonnenfinsternis war dazu da, um das Licht jetzt noch mehr auf die Erde zu bringen, es hat nochmals alles mit der Finsternis bereinigt, der Feuerring herum hat alles energetisch verbrannt, und jetzt darf alles weiterwachsen – Neues entstehen, und die Menschen werden dahin gehen, wo es schon lange notwendig ist. In ein Miteinander in ein allumfassendes und ganzheitliches Leben, der Mensch ist ein ganzheitliches Individuum, und dies wird er ab jetzt verstehen.

Er wird es leben und binnen kürzester Zeit werdet ihr es alle merken, es ist etwas passiert, zu eurer Freude und zu eurem Glück. Es geht euch gut und ihr wisst, der Weg, der jetzt in deinem Gedanken ist, dieser wird jetzt gegangen, denn es ist der Richtige. Ihr braucht nicht mehr lange nachdenken, ihr geht einfach jetzt den Weg der Liebe.

Jeder Einzelne geht den Weg der Liebe. Jeder Einzelne geht den Weg der Freude und alles was er jeden Tag tut und auch in der Arbeitswelt – ihr werdet massive Veränderungen spüren, auch am Arbeitsplatz.

Mobbing hört auf, auch diese Menschenseelen, die gemobbt haben, strahlen plötzlich ganz anders. Sie haben sich auch verändert, denn ihre Energie hat sich genauso angehoben wie deine, und ihr werdet es merken, der Frieden kehrt ein auf der Erde, und binnen kürzester Zeit hab ihr „DEN HIMMEL AUF ERDEN".

Es ist nicht nur eine Vision – denn der Himmel auf Erden seid Ihr. Ihr seid dafür zuständig um den Himmel auf die Erde zu bringen. Die Erde ist bereit, die Menschen, Tiere und die Pflanzen sind bereit, also lasst es zu.

TUT ES, GEHT HIN, UND HOLT DEN HIMMEL AUF DIE ERDE.

Ich danke dir!

ICH LIEBE DICH

11.07.2020

WIE WIRD DER WELTENWANDEL JETZT STATTFINDEN

Der Weltenwandel, von dem du sprichst, ist voll im Gange. Es ist eine Wandlung auf allen Ebenen, es wandelt sich nicht nur der Mensch, die Tiere und die Pflanzen, sondern es wandelt sich komplett die Erde und auch alle Universen.

Ihr dürft es nicht vergessen, alle sind mit allem verbunden, auch mit jedem einzelnem Universum und mit allen Universen. Auch dieses wandelt sich mit. Es ist ein Weltenwandel, das heißt: Ein Universen – Wandel findet statt. Viele, viele „Außerirdische" Wesenheiten oder auch Lebewesen von anderen Planeten sind bereits außen um der Erde herum, auf der Erde, um dafür zu sorgen, dass auch der Mensch in diesem Weltenwandel, der schon in allen Universen stattfindet – mitgenommen wird. Der Mensch ist immer etwas „zurückgeblieben" – er strebt nach Macht und Reichtum – er glaubt immer noch, das Geld und Besitz das Größte ist im Leben, was er erreichen kann. Und dies macht den anderen Planetenbewohnern große Sorge. Denn diese Macht und Gier der Elite, ist schon nahe dran, die Erde zu zerstören, und damit wird auch im Universum ein enormer Zerstörfaktor in Gang gesetzt, denn die Myon – Neutrinos dieser Zerstörung gehen weiter. Es betrifft nicht nur die Welt und die Erde, sondern es betrifft das ganze Universum und auch alle anderen Planeten. Gerade dies will man verhindern – es wird verhindert – oder sagen wir – es wurde verhindert. Deshalb findet jetzt massiv ein Weltenwandel statt. Diese Corona Zeit ist der Weltenwandel. Der Weltenwandel für eine bessere Erde, für eine friedlichere Erde und für Menschen mit einem höheren Bewusstsein. Ich werdet sehen, es wird alles plötzlich in eine andere Ebene gehen, und das, was jetzt abläuft – mit Quarantäne, mit Impfpflicht…usw. und so fort…diese Menschen werden von der Bildfläche verschwinden, und es wird nicht mehr darüber gesprochen.

Es wird der Mensch gefördert in seinem Geiste und in seinem Leben, damit er regionale Produkte an Lebensmittel anbaut, regionale Produkte an Lebensmittel verzehrt, regionale Produkte einkauft. Sollte eine Währungsumstellung kommen, so wird jeder genug haben, dass er sich sein Essen kaufen kann oder sich sein Essen holen kann. Und auch Fortbewegungsmittel wird es geben, in den nächsten 5 – 10 Jahren wird sich sehr viel auf dieser Ebene tun – ja ich möchte euch allen sagen – habt keine Angst, es kommt das Beste auf euch zu. Das was in den letzten hunderten von Jahren hier auf der Erde abgelaufen ist, das war keine schöne Erde, sondern es fungierten nur Macht und Machtmanipulationen. Ihr musstet da mit, die Wesenheit Mensch hatte noch nicht das Verständnis dafür, dass sie es erkannt hätten, dass sie absolut „diktiert" wurden.

Jahrtausende wurdet ihr diktiert und manipuliert, und jetzt geht ihr das erste Mal…die Tiere, die Pflanzen und die Menschen in die absolute Freiheit – in den Frieden und in die Liebe. Dafür sorgen viele Wesenheiten von anderen

Planeten, die bereits hier auf der Erde sind – oder sogar inkarniert sind als Mensch – um diesen Weltenwandel einzuleiten. Schon in den letzten 30 Jahren wurde dieser Weltenwandel eingeleitet, und jetzt ist es wirklich da – dass es sichtbar wird. Sichtbar auf allen Ebenen, sichtbar für jeden Menschen, sichtbar für die Atmosphäre, und sichtbar für die Erde.

Ich freue mich euch das verkünden zu dürfen, es werden noch einige Wochen ziemlich strenge Wochen werden, es werden Wetterumbrüche sein, jedoch es ist ein Reinigungseffekt der Erde für die Menschen, für die Tiere und für die Pflanzen. Heute schon könnt ihr es beobachten, die Pflanzen wachsen üppig, ihr habt fast ein tropisches Klima. Heiß und dann wieder Regen. Es ist ein wunderbares Klima für die Pflanzen zum Wachsen, und ihr merkt es bei den Tieren. Die Vögel zwitschern und ihr seht, die ganze Erde ist in einem neuen Aufbruch. Man erkennt dies – wenn man hinhört, hin sieht, erkennt man das. Jeder Mensch erkennt das.

Ihr Menschen seid auch aufgerufen, mehr in die Ruhe zu gehen, ihr seid aufgerufen, durch diese Corona Zeit, im eigenen Land zu bleiben, Urlaub zu Hause zu verbringen – im eigenen Land, es ist nicht notwendig weg zu fahren, ihr könnt zu Hause in den eigenen vier Wänden den schönsten Urlaub verbringen.

Nachdenken, relaxen, die „eigenen vier Wände" genießen, auch einen Wohnungswandel durchführen, umgestalten, einrichten – neue Farben bringen ein neues Wohngefühl, und das ist jetzt die Zeit, wo ihr dann wirklich zu euch zurückkommen könnt. Ein neues Heim gestalten, oder ein neues Umfeld gestalten, oder im eigenen Land Urlaub machen, euch die eigenen Täler anzusehen, die man noch nicht kennt, da ihr eher in die Ferne gereist seid, als im eigenen Land zu Urlauben.

Es ist wichtig, dass ihr eure Augen aufmacht, eure Ohren aufmacht, und euren Verstand einsetzt. Setzt euren Verstand ein, bringt euch in die Ruhe, bringt euch in die Liebe und bringt euch in die Freude, ja und ihr werdet einen ganz anderen Blickwinkel bekommen. Ich kann euch nur sagen, jeden Tag eine halbe Stunde Ruhe für jeden einzelnen, ist das höchste Glück für den Menschen, wenn du das alle Tage am Morgen und am Abend praktizierst. In einigen Jahren hast du dich komplett verändert, da du eine andere Sichtweise bekommst, eine andere Denkweise, und einen anderen Blickwinkel für das Schöne, rund um dich herum.

Du schweifst nicht mehr in die Ferne, sondern du siehst plötzlich, wie schön dein Umfeld ist, und wie schön du bist, und dass es nichts braucht, um außerhalb zu suchen, denn alles was du benötigst ist in dir selbst. Höre in dich selbst hinein, höre in deine Seele hinein, sprich mit deiner Seele und liebe deine Seele und liebe deinen Körper.

Egal, wie du aussiehst, liebe dich selbst – so wie du bist. Der Schöpfer hat dich so erschaffen, dein Lebensplan – deine Lebensphase ist so wie sie jetzt ist – achte sie und ehre sie. Es ist eine schöne Zeit in der Zeit wo du jetzt hier auf der Erde lebst, auch nachher, wenn du deinen Körper ablegst, wird es eine schöne Zeit auf der anderen Ebene sein. Alle deine Lieben, die jetzt schon vorausgegangen sind, die wissen das schon. Und habe keine Angst, auch wenn du wieder von dieser Erde gehen wirst, es ist eine Zeit der Liebe und des Glücks.

Du streifst einfach nur dein Fahrzeug ab, aber du kommst wieder, und dann darfst du in einem anderen Fahrzeug hier auf der Erde wieder anfangen, weiter zu leben. Ihr habt einen ewigen Kreislauf. So wie die Pflanzen im Frühjahr wieder neu wachsen, so wächst der Mensch jedes Leben neu in einen neuen Körper hinein.

Es ist im Kleinen – wie im Großen. Ich liebe euch, es ist so wunderbar, dieser Zyklus – der Schöpfer, er hat an alles gedacht. Glaube mir, es ist an alles gedacht, ihr werdet beschützt, ihr werdet behütet – der Schöpfer lässt es nicht zu, dass sich der Mensch selbst zerstört.

Die Menschen werden jetzt in eine andere Ära geboren, ihr bleibt im gleichen Körper und trotzdem habt ihr eine Neugeburt. Und diese Neugeburt wird wie das Platzen eines Luftballons sein. Ihr werdet plötzlich einen anderen Blickwinkel haben, und plötzlich merken, es ist alles anders, und ich freue mich für euch, das dies geschieht, denn es ist die höchste Liebe, die höchste Freude, die euch der Schöpfer jetzt machen darf und machen kann und machen wird. Der Schöpfer und viele, viele Wesenheiten sehen zu - schon lange – es ist Zeit, dass die Erde in eine Neugeburt kommt, mit den Pflanzen, den Menschen und den Tieren und es wird ein neuer Planet entstehen.

Der neue Liebesplanet ERDE ist absolut wichtig für alle Planeten rundherum und für alle Universen. Sodass auch der Planet Erde mit den Einwohnern - den Menschen – den Tieren und den Pflanzen – in eine andere Schwingung – in die Liebesschwingung geht.

Wenn die Erde mit schwingt – es gibt auch noch andere Planeten, die auch so sind wie die Erde, aber dafür sorgen andere Wesenheiten von anderen Planeten – dann schwingt irgendwann das ganze Universum in dieser Liebesschwingung, und es ist wirklich „Der Himmel in den Universen!"

Ihr seid nicht alleine – den Himmel auf die Erde zu bringen ist ganz leicht – ihr werdet sehen, ihr werdet es alle erfahren, und den Himmel in die Universen zu bringen – es wird in den nächsten Zeitenwandel so sein, dass auch in den Universen – in eurem Universum und auch in allen anderen Universen – der Himmel in den Universen einkehrt.

Der Schöpfer hat es so gedacht – es ist Zeit für einen Wandel – ihr steht kurz davor – es ist eine wunderbare Zeit – eine schöne Zeit!

Wir freuen uns dir zu sagen, die Liebe wird auf die Erde kommen. Es wird sich demnächst vieles ereignen, Menschen werden zusammen gehen, Menschen werden zusammen stehen für die Liebe – für die Freiheit – und für den Frieden.

Das was in den Medien propagiert wird und ständig durchgesagt wird, dies wird sich legen. Es wird sich verflüchtigen und es wird auch gelöscht.

Es gibt viele „Außerirdische Wesenheiten" hier auf der Erde, um dieses Programm in den Köpfen der Menschen zu löschen. Das Programm – was euch eingetrichtert worden ist – über Monate – wird gelöscht. Der Mensch lässt sich nicht mehr aufhalten, es zieht ihn in die Liebe, es zieht ihn in die Freiheit und er möchte ein friedliches und freies Leben genießen. Alles andere, mit Quarantäne und so weiter – wird Vergangenheit sein.

In drei Monaten ist alles vorbei. Jetzt hast du Juli – August – September.

Im Oktober? – Zeit spielt keine Rolle bei uns - ist alles vorbei.

Man wird sich nicht mehr aufhalten lassen, die Menschen gehen nach vor – die Menschen gehen in die Liebe und die Menschen gehen in den Frieden. Immer mehr Menschen werden hellsichtiger – der Komet mit dem Schweif - ist jetzt gekommen, um eine neue Zeit einzuleiten.

Der Komet war auch schon vor zweitausend Jahren da, als Jesus Christus geboren wurde. Genau diese Christusenergie wird jetzt wieder sehr stark sein im Äther, und ihr Menschen werdet viel, viel davon übertragen bekommen – von dieser Christusenergie. Von der einstigen Energie des Schöpfers – Gottes – warum er überhaupt Menschen erschaffen hat. Warum er euch Individuen - Wesenheiten Menschen – erschaffen hat.

Diese Christusenergie wird in jede einzelne Zelle der Menschen existieren, und die Menschen werden automatisch in die Liebe gehen. Sie beschäftigen sich nicht mehr mit dem Negativen auf dieser Erde, denn das wird verschwinden.

Es wird über Nacht verschwinden. Die Wesenheit Mensch wird erwachen – ist erwacht und alle jene, die jetzt noch nicht erwacht sind, die werden in den nächsten Jahren erwachen. Ich werdet sehen, das Leben wird

FRIEDEN – SCHÖNHEIT – FREUDE

ICH LIEBE DICH UND ICH LIEBE EUCH ALLE

19.07.2020

WAS BRINGEN DIE NÄCHSTEN BEIDEN MONATE – AUGUST UND SEPTEMBER 2020
Worauf dürfen wir als Mensch achten?

Mach dir keine Sorgen, die nächsten beiden Monate sind dazu da, um euch Menschen auf den richtigen Weg zu bringen. Es wird eine turbulente Zeit, es wird eine schöne Zeit, es wird eine Zeit des geistigen Wachstums und es wird eine Zeit des Einkehrens.

Ihr Menschen werdet euch noch mehr bewusstwerden, dass ihr Selbstverantwortung trägt für euer Leben und es wird sich viel bewegen. Viele Menschen werden aufstehen – es kommt alles in Bewegung, und diese Bewegung ist gut, weil es auf einen Neubeginn hindeutet.

Ein Neubeginn für die jetzige Menschheit, ein Neubeginn für die Erde, ein Neubeginn für alle Universen. Es ist unaufhaltsam und es schreitet voran. Habt keine Angst – bleibt in der Ruhe und wenn ihr nicht unbedingt wegmüsst, bleibt zu Hause. Macht euch keine Sorgen, es ist alles auf der richtigen Ebene und alles, was nicht mehr da sein soll, wird verschwinden.

Es werden sich Türen und Tore auftun, die für viele etwas ganz Neues sein werden, und es werden sich auch die Abgründe öffnen, für diejenigen, die bis jetzt die Menschen in Atem gehalten haben. Dies ist notwendig, diese Menschen werden zur Rechenschaft gezogen. Sie werden abgezogen und sie werden von der Bild – Fläche verschwinden.

Es ist notwendig, denn die Zeit wird eine komplette Veränderung, eine Veränderung in Form von Liebe, in Form von Licht, und in Form von Wesenheiten, die das Ganze voranschreiten lassen. Wesenheiten, die schon lange da sind, und die schon lange darauf warten, einschreiten zu dürfen.

Und jetzt ist der Zeitpunkt gekommen, wo sie einschreiten werden. Genau diese Wesenheiten werden euch ins Licht führen und in die Liebe führen. Und alle anderen, die nichts Gutes getan haben, die werden auch von diesen Wesenheiten dorthin gebracht, wo sie   hingehören.

Macht euch keine Sorgen, es ist alles in Ordnung.

Es lebe - die Erde, es leben - die Menschen und es lebe - die Natur und die Tiere.

ES LEBE DIE LIEBE

22.07.2020

Die letzten Wochen waren sehr turbulent für euch alle, und es hat auch sehr viele Veränderungen gegeben, die für euch selbst nicht spürbar sind. Diese Veränderungen sind auf der geistigen – weltlichen Ebene von statten gegangen. Es wird euch über die Medien sehr vieles nicht gesagt, es wird euch nur das berichtet – was ihr hören MÜSST.

Und gerade deshalb seid ihr über vieles nicht informiert.

Die galaktische Föderation hat Einzug genommen, Einzug in die Atmosphäre der Erde, und in das Erdmagnetfeld. Die hohen Schwingungen der galaktischen Föderation, die sehr, sehr hohen Wellen, die ummanteln jetzt die Erde. Sie ummanteln die Erde, sie ummanteln die CORONA = SCHEIN der Erde, und diese hohe Schwingung wird euch alle in den nächsten Jahren noch in eine glücklichere, reifere, höher gestellte, energetische Atmosphäre schwingen. Ihr Menschen, ihr alle – ihr werdet plötzlich alles von einem anderen Blickwinkel sehen.

Ihr spürt in euren Herzen die Glücksgefühle, die von dieser hohen Schwingung ausgehen, diese Liebesgefühle und diese Liebesenergie – und nichts kann euch mehr niederdrücken. Es ist jetzt Zeit geworden, die galaktische Föderation hat schon lange auf die Erde Acht gegeben, und jetzt ist der Zeitpunkt da, wo sie in das Erdmagnetfeld eingetreten sind.

Das Erdmagnetfeld bekommt dadurch eine ganz andere Beschaffenheit, durch die hohe Schwingung der galaktischen Föderation – ihr seid alle schon vorbereitet, ihr werdet nicht viel davon mitbekommen, aber ihr seid einfach anders. Ihr werdet alle merken, in der nächsten Zeit verändert ihr euch.

Ihr verändert euer Verhalten, ihr verändert euer Selbstbild und ihr verändert euer tägliches Tun, auch mit anderen Menschen. Ihr geht auf die Menschen zu, ihr begegnet ihnen aus der „Herzensliebe" heraus. Ihr seht in jedem Menschen den Funken Licht, und ihr werdet merken, dass die Schwingung anders ist. Auch die Menschen, die auf euch zukommen, agieren gleich. Ihr habt alle die gleiche Energie – eine höhere Energie erreicht. Ihr könnt gar nicht mehr anders, ihr müsst den Nächsten „umarmen", mit Liebe begegnen, da er eure zweite Seite ist. Er ist mit dir zusammen EINS. Egal ob es ein Fremder ist, oder ob es jemand ist, den ihr schon kennt.

Ihr gehört alle zusammen, ihr seid alle EINS.

Ja das, ist die Aufgabe der galaktischen Föderation, dass sie euch den Weg zeigt. Sie zeigt euch den Weg, dass es kein Schwarz noch Weiß, noch Gelb, keine Farbunterschiede unter den Menschen gibt, und auch keine Unterschiede in der Hierarchie. Das heißt, ob ARM oder REICH, ob HELL oder DUNKEL,

IHR SEID ALLE GLEICH!

Ihr werdet euch alle gleich behandeln, es wird niemand mehr diskriminiert. Das kommt überhaupt nicht mehr vor, das ist weg aus euren Köpfen, diese hohe Schwingung der galaktischen Föderation hat euch Menschen alle irdischen

Manipulationen, die in euren Köpfen waren – hinweg – genommen.

Ihr seid euch vollkommen klar darüber, dass ihr ALL – UMFASSEND seid, dass ihr ALL – MÄCHTIG seid, und dass ihr zusammen ALL – MÄCHTIG seid.

Alle zusammen sind EINS. Ihr geht auf den anderen zu, die Menschen treffen sich, die Menschen versammeln sich, und ihr habt alle den einen Willen im Körper und im Kopf.

Die Liebe, das Vertraut sein, die Freude und die Geborgenheit!

Denn aus dem Mutterleib seid ihr gekommen, wo ihr dies gespürt habt, und ihr wisst, das ist die Liebe des Allmächtigen. Das ist die Liebe des Schöpfers.

Es gibt niemanden, der außerhalb des Mutterleibes ein Kind austragen kann, da die Frequenzen der Mutter notwendig sind, und die Gebärmutter der Mutter dafür da ist, dem kleinen Menschen die notwendige Unterstützung und Nahrung zu geben. Und auch die notwendige „Seelenschwingung" zu geben.

Dies ist so vom Schöpfer bereitgestellt worden, und funktioniert hundertprozentig

NUR IN EINEM MENSCHLICHEN Körper und im Mutterleib.

Ihr habt plötzlich alle erkannt, wie schön die Erde ist, welch wunderbare Aufgabe ihr hier auf der Erde habt, und ihr werdet so quasi, über Nacht erkennen, welche „wirkliche" Aufgabe ihr hier auf der Erde – als Seele – euch vorgenommen habt. Ihr selbst werdet entscheiden, geht ihr den Seelenauftrag hier auf der Erde im Lebensweg nach, oder geht ihr den Seelenauftrag nicht.

Viele, viele, viele Menschen werden jetzt erkennen, dass sie mit dem Seelenauftrag – dem Lebensauftrag hier auf dieser Erde – die Vollendung finden, und auch über die galaktische Föderation wieder zurück „nach Hause" gehen können. Deshalb werden viele, viele Menschen genau diesen Weg gehen. Es gibt wenige, die diesen Weg nicht gehen, aber die wählen einen anderen Weg. Ihren Weg, den sie beschlossen haben, bevor sie inkarniert sind.

Denn mit dieser hohen Schwingung – entweder hast du die hohe Schwingung und gehst mit, mit der galaktischen Föderation, oder man kommt mit der hohen Schwingung nicht mehr mit und entscheidet sich, die Erde zu verlassen. Das ist ein kleiner Ausschnitt, was ihr in den nächsten Jahren erfahren werdet – und glaubt mir – freut euch. Es ist die Liebe in jedem Einzelnen, die passiert, und es ist der Schöpfer, der dies so gewollt hat. Der Schöpfer schickt die galaktische Föderation, die euch wirklich die allumfassende Liebe wieder in euer Herz gibt.

Ihr werdet sehen, es wird sich alles verändern, und in einiger Zeit ist nichts mehr so wie es war. Es hat sich schon in der letzten Zeit sehr viel verändert, euch Menschen ist es aufgefallen, im Moment habt ihr Juli und es wäre normalerweise ein hochsommerliches, heißes Wetter. Nein, dem ist nicht so. So wie das Wetter seine

Kapriolen schlägt, so ist es auch auf der energetisch –
geistigen Erde, auch die Erde schlägt ihre Kapriolen. Es ist
wichtig - die galaktische Föderation ist mit vielen
Raumschiffen in der Corona der Erde, und sie repariert
diese Corona der Erde gerade rund um den Erdball herum,
und deshalb sind die Wetterkapriolen so stark ausgeprägt.

Freut euch, es wird eine schöne Zeit. Die Pflanzen und die
Tiere und die Erde selbst – das Wasser – das Wasser hat
sich sehr gut regeneriert – das siehst du überall bei den
Flüssen, Bächen und den Seen. Die Pflanzen wachsen
üppig, wie in einem feucht – warmen Klima.

Liebe Menschen – ihr bekommt alles zurück. Was von den
niederen Energien zerstört worden ist – kommt alles heil
wieder zurück. Und zwar in einer sehr, sehr schnellen
Form – sehr, sehr schnell. Die Pflanzen wachsen jetzt sehr
schnell, sie tragen Früchte und üppiges Grün – damit die
Atmosphäre, die Corona der Erde - die Luftqualität wieder
besser wird und ansteigt. Es wird eine wunderbare Erde
sein und mit dieser wunderbaren Erde werden die
Menschen auch wieder das Glück, die Liebe, den Frieden
und die Harmonie finden. Der Schöpfer hat es so gewollt –
Glückseligkeit für jeden einzelnen hier auf der Erde.

Es ist jetzt die Zeit hier – die Zeit ist reif, ihr seid alle jetzt
hier auf der Erde um den Schöpfungsweg des großen
Ganzen – mit der galaktischen Föderation, die euch dabei
unterstützt – zu gehen.

Es ist euer Seelenplan – den ihr hier jetzt lebt, und ihr habt
auch allen Menschen, denen ihr hier jetzt begegnet –

versprochen, bevor ihr inkarniert seid – WIR SCHAFFEN ES!

Wir gehen diesen Weg, wir gehen diesen Weg der Erneuerung, wir gehen diesen Weg der Liebe und IHR geht ALLE den absoluten Weg der Schöpfung.

Die Schöpfung ist hier – rund um dich herum – die Schöpfung ist bei dir –

DU BIST DIE SCHÖPFUNG

DU BIST MIT ALLEM EIN.

24.08.2020

Der Mensch und das Sein im Hier und im Jetzt

Liebe Elisabeth, deine Frage ist jetzt sehr ge – wichtig. Ge- Gegenwart, sehr wichtig. Ihr Menschen seid auf die Erde gekommen um JETZT da zu sein. Jetzt in dieser Zeit, jetzt in dieser Zeit des Umbruchs, jetzt in dieser Zeit der Lebensphasen – die ihr durch geht. Ihr habt es euch gewünscht, und so konntet ihr genau – jetzt – für diese Zeit inkarnieren. Euer Leben hat einen großen Status und einen großen Wert hier, jetzt, da die meisten Menschen mit einer Botschaft und mit einer Aufgabe hier her gekommen sind, um diese Welt und diese Erde – um mit dabei zu sein – in eine andere Schwingung zu bewegen. Die Schwingung wird höher sein, die Schwingung hat sich schon angehoben, sie wird noch höher werden und ihr seid aufgefordert, jetzt da mit zu gehen und mit zu wachsen und euer ganzes Dasein, mit dazu zu tun, um allen anderen auch zu helfen diesen Weg zu gehen.

Viele Menschen, die jetzt hier auf der Erde sind, sind sich dessen bewusst. Die Seele weiß es, und sie gehen automatisch den richtigen Weg. Sie gehen mit der Schöpfung und sie bleiben nicht mehr stehen. Sie sind jetzt in dieser Zeit inkarniert, um die Erhöhung der Erde voranzutreiben.

Liebe Menschen, es ist vollbracht, ihr seid mitten drin. Es dauert noch eine Weile – einige Jahre – jedoch es wird sich lohnen für jeden einzelnen von euch. Wenn der Mensch es jetzt nicht mehr erlebt, hier in diesem Leben – dann wird er es auf der anderen Ebene mitverfolgen. Er wird sich darüber sehr freuen, dass er mitwirken durfte. Dass er genau jetzt in den wichtigsten Jahren des Umbruchs der Erde und den ganzen Universen mitwirken durfte. Jeder Mensch ist eine Seele die den Auftrag hatte, hier auf der Erde mitzuwirken. Ihr alle seid hier, um den göttlichen Prozess voranzutreiben. Ihr alle seid hier, um den Wandel, der jetzt stattfindet – einzuleiten und weiter zu verfolgen. Ihr alle seid jetzt hier um zu sehen, wie die Schwingung der Erde höher steigt, und wie die Menschen die höheren Dimensionen erreichen. Ihr verlässt die Dreidimensionalität und steigt auf in die vierte und fünfte Dimension. Auf dieser höheren Ebene bekommt ihr eine Leichtigkeit – ihr könnt euren Körper – so wie er jetzt ist – behalten, jedoch es wird alles leichter.

Gedanken werden sofort wahr, ihr wisst auch, dass ihr „absichtslos" denken sollt, ihr wisst dann auch, dass jeder Gedanke sich sofort umsetzt in die Realität.

Habt den Gedanken in euren Herzen, lebt aus der Seele heraus, lebt aus dem Herzen heraus, sieht mit dem Herzen, spricht mit dem Herzen – DAS IST DIE FÜNFTE DIMENSION!

Die Herzens- und die Christusenergie wird wachsen und gefördert, damit die „Liebesschwingung" auf der Erde mehr wird. Mehr Liebesschwingung auf der Erde, mehr Liebesschwingung unter den Menschen und unter den Pflanzen und unter den Tieren. Ihr werdet sehen, es wird eine schöne Zeit. Die Zeit, die ihr jetzt noch habt um das Ganze zu vollenden, die nutzt bitte.

Nutzt sie und helft der Erde, helft den Pflanzen – helft den Tieren – und helft ganz besonders euch. Alles, was nicht gewollt ist hier auf der Erde, wird vergehen, schneller als ihr denkt. Man wird sich nicht mehr darum sorgen und nicht mehr darüber sprechen. Es ist vorbei – es bleibt in der dritten Dimension. Denn ihr seid schon lange in Richtung vierte und fünfte Dimension unterwegs. Deshalb lassen euch die Meldungen und Daten von Menschen, die in der dritten Dimension agieren, emotionslos. Sie bedrücken euch nicht mehr, ja man bemerkt sie nicht mal mehr. Ihr seid auf einer anderen Stufe angelangt, und so wird es weiter gehen. Der Schöpfer hat es so gewollt, es bleibt niemand mehr stehen, es bleibt niemand mehr alleine mit seinem Sein. Jeder Mensch wird in die richtige Richtung geführt, und wenn die Seele es nicht will, dann wird auch für Sie, der Weg bereitstehen. Also, liebe Menschen, macht euch keine Sorgen, es ist eine wunder- wunderschöne Zeit, die jetzt kommt. Seid bereit, der Schöpfer ist auch bereit.

29.08.2020

Neues im September 2020

Ich merke, du bist sehr traurig im Moment. Traurig, über das, was im Außen geschieht, und deine Seele kann es nicht fassen, dein Herz kann es nicht fassen, dass so viel Unrechtes geschieht. Aber, mach dir keine Sorgen. Es ist alles richtig, so wie es ist. Du weißt auch, dass Dinge geschehen müssen, um Altes loszulassen, damit Neues kommen kann. Das, was jetzt mit euch Menschen passiert, ist schon lange von Menschenhand geplant. Schon lange wurde das geplant, und wird jetzt in die Ausführung gebracht. Es wurde die letzten Monate schon ausgeführt, und es wird noch ein bisschen stärker werden.

Vertraue auf die himmlischen Helfer, die himmlischen Helfer sind da, und sie werden es nicht zulassen, dass man Menschen so unterdrückt. Das wird NICHT geschehen. Macht euch keine Sorgen, liebe Menschen, es ist alles auf der richtigen Bahn.

Es sieht im Moment nicht so gut aus, und es werden noch strenge Tage kommen, die euch sehr viel Kopfzerbrechen machen werden. Aber es ist bald vorbei. Bald habt ihr das Schlimmste überstanden. Die Menschen, die jetzt unterwegs sind und aufstehen für Gerechtigkeit, für Frieden und Freiheit, sie haben es jetzt noch schwer, aber das Blatt wird sich wenden. Es werden auch von den Politikern gute Menschen dabei sein, die sich umdrehen.

Sie werden in Zukunft für die Menschen, für Gerechtigkeit und Freiheit sein.

Ja, es wird in nächster Zeit noch ziemlich turbulent zugehen, aber Mitte bis Ende September wird es abflauen, und im Oktober – ist

ALLES ANDERS.

IM OKTOBER IST ALLES ANDERS.

Mehr kann ich dir noch nicht sagen, ich kann dir heute noch nicht so viel sagen, es ist noch nicht relevant, aber ich möchte dich nur positiv motivieren – haltet durch, es geschieht alles zum richtigen Zeitpunkt. Ja, es geschieht alles, weil es geschehen muss. Es ist in dem Zeitplan geschrieben – in dem Zeitplan der Erde, in dem Zeitplan der Menschen – und das, was jetzt stattfindet, das ist vorgesehen und es MUSS geschehen. Und es wird geschehen. Alle Menschen, die daran beteiligt sind, die haben es sich so ausgesucht, auch ihr habt es euch so ausgesucht – hier in dieser Zeit zu sein. Ihr seid bewusste Menschen, ihr werdet es verstehen, und ihr seid auch deshalb hier, um einfach die Erde und die anderen Menschen in die Schwingung der Liebe zu bringen.

Alle Menschen, die für Freiheit – Gerechtigkeit – und Frieden sind, die geistig und spirituell auch gewachsen sind – all die werden es verstehen und werden merken

DIE LIEBE LEBT!

Namaste

12.09.2020

Liebe Elisabeth, ich freue mich wieder hier zu sein und mit dir zu sprechen. Weißt du, heute ist ein besonderer Tag. Der 12. September ist für alle Menschen ein besonderer Tag. Das Wetter ist wunderbar warm, es ist fast Sommerwetter und die Menschen sind friedlich und zufrieden. Die Energie hat sich angehoben und ihr müsst wissen, dass viele außer – erdliche Freunde der Menschen jetzt hier sind und dies bewerkstelligen, dass eine gute und angenehme Schwingung hier auf der Erde herrscht. Die Frequenz der Erdatmosphäre hat sich sehr angehoben und viele Menschen sind nicht mehr so besorgt – aus ihnen wird die Angst – geheilt.

Alle Freunde der Menschen von anderen Sternen sind gekommen, um bei jedem einzelnen Menschen die tiefsten Ängste – und vor allen Dingen die Ängste der letzten Monate – zu heilen. Es wird eine ganz besondere Zeit werden, die Menschen werden friedlich sein, es wird eine Heilung stattfinden und es wird eine Heilung bei all jenen Menschen stattfinden, die das Ganze der letzten Monate inszeniert haben. Wartet ab, achtet auf eure Körper, achtet auf eure Seele, achtet auf den Frieden, auf die Liebe und das Leben in euch, und achtet darauf, dass ihr immer in Harmonie seid. Lasst euch nirgends wo hineindrängen – geht euren persönlichen Weg.

Den Weg der Liebe, den Weg der Seele.

Die Seele hat eine Aufgabe hier auf Erden und jetzt ist für alle Menschen, die hier inkarniert sind, die Zeit gekommen, den SEELENAUFTRAG hier zu erfüllen. Den Seelenauftrag in dieser Lebensphase während sie hier sind, werden sie erfüllen. Sie werden jetzt absolut nach dem Ruf der Seele agieren und funktionieren. Dadurch wird die Energie angehoben, die Menschen leben sich selbst. Sie leben sich aus dem Inneren heraus und vor allem, sie folgen ihrer Intuition und sie folgen ihrer Freude.

Egal, was der Mensch macht, egal ob es ein Kind ist, oder ein Mensch der mitten im Berufsleben steht, oder eben ein älterer Mensch –

JEDER MENSCH WIRD IN DIESE FREQUENZ GEBRACHT!

In diese Schwingungsfrequenz. Das Steuer wird komplett herumgedreht, und die Energie wird

LIEBE AUF DER ERDE.

In der nächsten Zeit wird Liebe sein. Liebe in allen Ecken und Enden, weil der Mensch dies ausstrahlt. Sobald der Mensch nach seiner Intuition geht – lebt er seine Liebe, lebt er sich und er lebt seinen Lebensplan. Der Lebensplan der Menschen wird ab jetzt erfüllt und „Karma" wird keines mehr geschaffen.

Alles Karma, was bis jetzt von den Menschen geschaffen wurde, ist schon lange gelöscht, denn es hat schon vor vielen Jahren eine Zeit gegeben, wo die Menschen inkarniert sind und auch die Menschen hier auf der Erde sind – wo es einen Zeitpunkt gegeben hat – wo alles Karma gelöscht wurde.

Niemand muss mehr ein Karma leben, wenn er wieder auf die Erde kommt, sondern alles wird Liebe und Frieden sein. Die Liebe und der Frieden werden die Erde ausfüllen und ihr werdet sehen, in ein paar Jahren ist die Erde ganz in einer anderen Schwingung. Ja, auch die Menschen, denn sie strahlen Frieden aus. Frieden wenn sie schlafen, Frieden, wenn sie essen, Frieden, wenn sie arbeiten und Frieden, wenn sie mit ihren Familien gemeinsam was unternehmen.

Es wird Ruhe sein – es wird absolut schön sein für alle. Vor allen Dingen – alle jene Menschen die jetzt so noch in der Angst leben, bei denen – verschwindet die Angst. In ein paar Monaten werden sie nicht mehr wissen, was das eigentlich war. Das geschieht alles, weil die außer – erdlichen Freunde der Menschen den Auftrag haben, die Frequenz auf der Erde zu verändern, ja auch die Frequenz in den Köpfen der Menschen zu verändern.

In den Köpfen der Menschen wird die Frequenz der „allumfassenden Liebe" installiert, gleich und warum uns der Schöpfer geschaffen hat, und alles was von anderen Ebenen her „getriggert" wurde, was nicht förderlich war für die Erde und die Menschen – wird jetzt gelöscht. Dazu sind die Freunde der Menschen von anderen Galaxien hier, sie sind hier, weil sie euch lieben, sie sind hier, weil sie die Erde lieben und sie sind hier, weil es ihre Aufgabe ist. Sie waren einst auch einmal als Mensch hier auf der Erde und sie wissen ganz genau, um was es geht. Es ist jetzt wichtig, dass ihr Hilfe von Außen bekommt, denn ohne diese Hilfe würde es hier auf der Erde in eine andere Richtung gehen.

Die Erde könnte sich nicht mehr halten, denn die Erde ist ziemlich bedrückt und gedrückt. Es gibt Reinigungsphasen auf der Erde, jedoch mit viel Schmerz und Leid bei den Menschen und bei den Tieren.

Genau dies muss aufhören, es muss sich lösen. Je mehr Aggressivität und Aggressionen ausgesendet werden von den Menschen, umso mehr wird sich auch die Erde aggressiv verhalten. Man sieht es im Feuer, im Wasser, in Unwettern mit starken Stürmen und Wirbelstürmen. Es muss ein Frieden sein, es darf Frieden werden und es darf auch beim Wetter auf der Erde Ruhe einkehren.

Je ruhiger und friedlicher der Mensch und die Tiere hier auf der Erde werden, umso ruhiger wird auch die Atmosphäre und auch das Wetter. Glaubt es mir – es ist so, ihr lebt nach dem Gesetz der Resonanz hier auf der Erde, und je mehr Information von den Köpfen der Menschen und vom Verstand ausgesendet wird, umso mehr Unruhe entsteht.

Das heißt: Je mehr der Mensch in sich selbst gekehrt ist, und je mehr er selbst in sich die Seelenaufgabe und Lebensaufgabe findet und dies auch lebt, umso ruhiger wird die ganze Atmosphäre.

Der Mensch sendet es aus – und der Mensch IST was er IST. Es kommt, was er ist, er produziert – was er ist. Alles, was er aussendet, kommt automatisch zurück.

Gerade deshalb sind die außerirdischen Freunde von den anderen Galaxien hier auf der Erde um den Menschen zu helfen die Schwingungsfrequenz anzuheben, sodass der Mensch – sozusagen über Nacht – in eine andere Schwingung kommt.

Und das UN-LICHT VERSCHWINDET. Ja, es wird nur noch Licht in den Herzen und in den Köpfen der Menschen und das ist entscheidend für die Zukunft der Erde.

Ja – wenn Licht ausgesendet wird – kommt Licht zurück. Das Licht kommt immer mehr auf die Erde mit den Menschen, die aus ihren Köpfen Licht aussenden.

Ich danke dir – Ich liebe dich!

02.10.2020

Lieber LeserIn, heute ist der 2. Oktober 2020, dies ist ein Schlusswort von mir selbst, warum dieses Buch entstanden ist und um dir „lieber Freund, liebe Freundin" für die Zukunft nur gute Dinge zu sagen.

Ich habe mit diesem Buch im letzten Jahr begonnen zu schreiben und – nein es wird nicht das Letzte sein. Ich werde weiterschreiben. Ich werde weiter schreiben mit diesem Kontext, ich werde meine geistigen Führer fragen und ich werde meine Intuitionen und meine Eingebungen wieder mit einbinden.

Es ist wichtig – ALLES IST EINS – ob ich jetzt einen Geistführer frage, oder ob ich diese Intuition in mir trage. Es ist immer ein Stück Wahrheit dabei.

Heute an diesem Tag weiß ich ganz bestimmt, die große „Reinigung" wird bald vorbei sein und das, was zurückbleibt – ist LIEBE!

Jeder wird für das geradestehen müssen, was er im Kosmischen Geistfeld – Akasha - angerichtet hat.

Die galaktische Föderation ist im Außen schon dabei, so wie du es im Buch schon vernommen hast, es ordnet sich. Es ordnet sich so, dass die Menschen eine Wandlung vollziehen. Eine Wandlung, die sie kaum spüren, wir merken das jetzt in den Medien – es ist eine große Wandlung schon von Statten gegangen.

Menschen sind erwacht, Menschen setzen sich für die Liebe ein, und viele Menschen unterstützen „die Macht der Liebe!" Die Menschen wollen

FRIEDEN – FREUDE UND LIEBE.

DAS LEBEN IST LIEBE

DAS LEBEN IST FREUDE

nur das zählt.

Was ist jetzt wichtig:

Bleibt in der Ruhe, bleibt in eurer Kraft, das Leben ist wunderschön und lebenswert, und achtet auf die Erde. Die Erde regeneriert sich jetzt selbst, schon die ganzen letzten Jahre ist die Hilfe da, um die Regeneration voranzutreiben.

Lasst euch nicht entmutigen, wir haben es uns alle versprochen, bevor wir hier auf die Erde inkarniert sind, wir bleiben ALLE EINS, wir sind ALLE EINS, und wir ziehen alle an einem Strang.

Lasst euch nicht entmutigen!

Zeigt euren Kindern den Weg der Leichtigkeit, der Liebe und der Fröhlichkeit. Geht den Weg eurer Seele – denn das ist es – was der Schöpfer für die Menschen wollte.

Achachiel spricht zu mir:

Meine lieben Menschenkinder, ich habe sehr viel gesprochen mit Elisabeth, es ist vieles wahr – was in diesem Buch steht. Auch, wenn ihr es nicht erkennen könnt – es ist wahr. Wir leben in Parallelwelten, und die Wahrheit kommt ans Tageslicht.

Lasst euch nicht entmutigen, liebe Menschen, geht weiter euren Seelenweg, hört auf eure Seele, hört auf eure Intuition, und das Leben ist euer Leben.

Dein Leben, dein eigenes Leben, das du lebst.

Namaste

Ich habe es schon am Beginn geschrieben und ich schreibe es auch am Ende:

Jeder hat seine Wahrheit.

ES IST MEINE WAHRHEIT

MEINE EIGENE WAHRHEIT

Elisabeth Ebenberger

Ganzheitliche
Gesundheitsberaterin

Herstellerin von Aras
Sonnenkristall Essenzen

Buchautorin

Tel: +43 (0) 676 / 43 15 858

www.arasonn.com office@arasonn.com

Meine langjährige Erfahrung in Energie- und Gesundheits-Arbeit bestätigt mir jeden Tag, dass das Wirken mit Menschen, denen ich auf diesem Weg weiterhelfen darf, für mich mein Weg ist und der Richtige. Seit 30 Jahren ist es meine Berufung und mein Lebensweg, die Menschen zu unterstützen, ihre Gesundheit wieder zu erlangen und diese zu erhalten. Jeder Mensch ist für sich selbst verantwortlich, so kann ich ihm nur die Anleitung dazu geben, wie er seine Selbstheilungskräfte aktivieren darf.

Der Glaube an sich selbst und an das Leben in Freude, Licht und in Glückseligkeit soll dem Menschen wieder Klarheit und Lebensmut bereiten.

Meine Lebensaufgabe ist es, dem Menschen zu erklären, dass nur er alleine selbst an seiner Lebenssituation beteiligt ist, denn was ich aussende- werde ich auch ernten. Aufgrund des kosmischen Resonanzgesetzes ist es immer das "Echo", welches vielfach auf mich zurückkommt.

Ich danke all meinen geistigen Helfern, die mir jeden Tag zur Seite stehen, damit sie in die Herzen der Menschen wieder die "Sonne" hineinbringen und scheinen lassen.

HERZQUELL AUSGABE 1

€ 14 ^{90} *inkl. MwSt.

Die Autorin:
Elisabeth Ebenberger

Mit Botschaften für Dich!
Mögen sie dich begleiten und

dein Leben mit Freude, Licht

und Liebe erfüllen.
Dies ist dein Weg,
gehe ihn ohne Angst und lebe

deine Wahrheit,
nur so wirst du dich selbst

erkennen
und wissen
Ich bin das
ICH BIN

Books on Demand
ISBN 978-3-8482-2513-2, Paperback, 40 Seiten

HERZQUELL Ausgabe 2

€ 14 ⁹⁰ *inkl. MwSt.

Herzquell – der Name sagt schon
vieles aus,
es sind Botschaften für „dich",
tief aus dem innersten Herzen
heraus.
Danke, dass du bereit bist, diese
Zeilen zu lesen.
Sie werden dich begleiten in eine etwas andere Welt,
die Welt der Liebe und der allumfassenden Wesen.

Mit Freuden werden diese Botschaften verkündet,
auch dir werden sie zeigen,
dass die Liebe allen Lebens wir selbst sind,
die uns mit allem verbindet.

Books on Demand
ISBN 978-3-8482-5818-5,

Paperback, 60 Seiten

ARAS SONNENKRISTALL

€ 14,90 inkl. MwSt.

Die Autorin:
Elisabeth Ebenberger

Beschreibung:

Wasser ist LEBENS – ENERGIE!
Unser Körper besteht aus ca. 80%
Wasser. Durch Informationen im
Wasser ist es möglich, Zellen in
lebenden Organismen zu harmonisieren und somit über die
Ausscheidung auch unserer Mutter Erde diese positive
Schwingung weiterzuleiten.

Seit ca. 17 Jahren gibt es ARASONN KRISTALL - Wasser, das
so eigentlich kein Wasser ist. Es wird nur Tropfenweise
angewendet und kann All – um – fassend eingesetzt werden.
Bringt Harmonie für Menschen, Tiere, Pflanzen und unsere
Mutter Erde. Das Buch ist eine Anleitung zur Anwendung der
Tropfen mit der Entstehungsgeschichte des Sonnenkristall
Wassers sowie Rückmeldungen von zufriedenen Kunden.
Durch HUMAN ENERGETIC COMMUNICATION wird das
Wasser informiert und wirkt auf sehr hohen Schwingungen in
Körper – Geist und Seele.

Books on Demand Paperback
104 Seiten
ISBN-13 978-3-7322-5315-9

GEHEIMES WISSEN - "MEINE WAHRHEIT"

29,99 € incl

Ebenberger Elisabeth

ISBN: 9783751903523

Elisabeth Ebenberger

Geheimes Wissen
"Meine" Wahrheit

Mit diesem Buch bekommst du
lieber Leser - Informationen über
DAS LEBEN IM SEIN. Durch die
Niederschrift einer Seminarreihe in
diesem Buch vom ganzheitlichen
Gesundheitsberater – welche von
Lothar Walter Göring vermittelt wurden – darf ich dich jetzt in
ein spannendes Abenteuer DES LEBENS begleiten. Du
erkennst die Zusammenhänge von der Pyramidenenergie mit
unserem Körper und dem Leben - Gesund oder Krank – so ist es
möglich, an Hand der atlantischen Numerologie den eigenen
Lebensweg „anzusehen" und du darfst erkennen – das alles
Leben –

DEIN LEBEN - NUR VON DIR DURCH DEIN DENKEN –
PRODUZIERT WORDEN IST.

KOSMISCHES NATUR-GESETZ

Das universelle Lebens Gesetz

Elisabeth Ebenberger

Buch 12,99 €

E-Book 7,49 €

Elisabeth Ebenberger, Ganzheitliche
Gesundheitsberaterin, weiß um die
natürlichen Gesetzmäßigkeiten des
Lebens Bescheid, und gibt so einen
genaueren Einblick in das tägliche Leben mit Gedanken –
Worten und Taten. So ist dieses Büchlein eine Leselektüre für
jeden, der sich mit den kosmischen Naturgesetzen näher
auseinandersetzen möchte.
Wir Menschen brauchen Information – Information um die
Gesetze des Lebens, damit unsere Seele lernen darf und auch
den Weg weitergehen kann. Menschen, die dieses Buch finden,
werden ihre eigene Wahrheit erkennen. Zu finden sind die
Themen wie:
Der Sinn des Lebens, die Wahrheiten des Lebens, alles
was du denkst – realisiert sich. Wir Menschen sind jetzt in
der Endzeit … Paperback 100 Seiten

ISBN-13: 9783741241925

Verlag: Books on Demand

Erscheinungsdatum: 19.09.2016

Interessantes über
Pyramidenenergie,
Atlantische Numerologie,
Myon - Neutrinos

Elisabeth Ebenberger

Buch 27,99 €   E-
Book 10,99 €

Serafina ist eine Geschichte aus einem Menschenleben,
wahre Begebenheiten werden erklärt, warum alles Leben
mit pyramidenförmigen Teilchen zu tun hat und warum
die Pyramide und die atlantische Numerologie mit
unserem Leben hier auf Erden eine Einheit sind. Eine
Geschichte von Begebenheiten aus dem Leben der
Autorin, Visionen, wissenschaftlichen Unterlagen und das
Innere Wissen der Autorin

Hardcover 232 Seiten

ISBN-13: 9783748151739

Verlag: Books on Demand

Erscheinungsdatum: 09.01.2019